J. CHAILLEY-BERT

Dix années de Politique coloniale

Librairie Armand Colin
Paris, 5, rue de Mézières

Dix années
de
Politique coloniale

A LA MÊME LIBRAIRIE

DU MÊME AUTEUR

Java et ses habitants. In-18 jésus, broché............. 4 fr.

La Hollande et les Fonctionnaires des Indes néerlandaises. Une brochure in-16.............................. (*Épuisé.*)

Les Compagnies de Colonisation sous l'ancien régime. In-18 jésus, broché................................... 2 fr. 50

La Politique coloniale de la France : *L'âge de l'Agriculture.* Une brochure in-16................................. 1 fr.

L'Éducation et les Colonies. Une brochure in-16... (*Épuisé.*)

L'Émigration des Femmes aux Colonies. Une brochure in-16.. 1 fr.

La Colonisation de l'Indo-Chine. In-18 .... (*Épuisé.*)

Coulommiers. — Imp. Paul Brodard. — 1327-1901.

J. CHAILLEY-BERT

Dix années de Politique coloniale

Librairie Armand Colin
Paris, 5, rue de Mézières
1902

DIX ANNÉES
DE
POLITIQUE COLONIALE

CHAPITRE I

La théorie du « bloc ».

Quand on étudie ce qui se dit et ce qui s'écrit en France sur nos affaires coloniales, on est frappé du caractère vague et compréhensif à l'excès des expressions couramment employées : l'explorateur, le publiciste, l'homme qui n'a vu qu'une colonie et l'homme qui n'en a pas vu du tout, concluent sans inquiétude du particulier au général, et énoncent volontiers des axiomes sur *les* colonies, *la* politique coloniale, *la* mise en valeur *des* colonies, etc. Il semblerait que nos colonies fussent toutes de la même espèce et qu'à toutes convinssent la même politique et les mêmes méthodes de gouvernement et d'exploitation. Nos diverses colonies formeraient, pour reprendre une expression célèbre, un *bloc*, susceptible d'être soumis à une même règle et réservé à une même destinée.

Pareille théorie n'a rien qui nous doive étonner. Elle est bien conforme à notre goût d'unité et d'uniformité. Tandis que les Anglais, par exemple, aiment à faire des lois, telles que les réclamait autrefois M. Donnat, dans sa *Politique expérimentale*, lesquelles ne s'appliquent qu'à telle région : Angleterre, pays de Galles, Écosse, Irlande, nous, nous légiférons d'un coup pour toute la France et souvent même, par delà la France continentale, pour la France d'outre-mer. De la législation ce goût d'uniformité a passé notamment dans la colonisation ; il s'y est maintenu et il s'y maintient depuis près d'un siècle.

La manière dont s'est formé notre empire colonial n'y a pas peu contribué. La France, jadis grande puissance coloniale, très riche en colonies et en méthodes de colonisation, a laissé, sous Louis XV, la Révolution et le premier Empire, s'émietter son domaine et s'évaporer son expérience, et s'est trouvée, en 1815, réduite à très peu de très petites colonies, administrées à la diable et sans souci des méthodes convenables. Des incidents de politique générale jusqu'en 1870, et, depuis 1870, une politique coloniale voulue et suivie, lui ont bien refait un autre domaine presque aussi beau que l'ancien; mais ils n'ont pas pu lui rendre encore ses traditions et son expérience de jadis. A mesure que les acquisitions nouvelles sont venues se joindre aux anciennes, on leur a, comme aux anciennes, appliqué, sans discussion, un régime que les siècles avaient consacré. Les îles Marquises, paradis de races indolentes, sans agriculture ni commerce, la Calédonie destinée à devenir un bagne, la Cochinchine que son climat ferme à l'émigration européenne et que peuplent près de 2 millions d'Annamites industrieux, l'Algérie avec 5 millions d'Arabes pasteurs et de Kabyles agriculteurs, toutes conquêtes de 1830 à 1870, ont été, ou tout de suite ou au bout de quelques années, traitées, peu s'en faut, comme nos vieilles colonies des Antilles et de la Réunion, peuplées de créoles issus de pures familles françaises et, depuis trois cents ans, rompues aux usages et aux lois de la vieille France.

Plus tard, quand, à partir de 1880, nous en vînmes, suivant un plan médité, à conquérir la Tunisie, l'Annam-Tonkin, l'Afrique occidentale et Madagascar, notre diplomatie et notre gouvernement virent bien qu'on ne pouvait plus faire entrer de force ces possessions nouvelles dans le moule rigide des anciennes, mais qu'il fallait leur laisser ou leur donner des institutions appropriées à leur état. C'est ainsi que M. Jules Ferry et M. Paul Cambon soumirent la Tunisie, M. de Freycinet et M. Paul Bert, l'Annam-Tonkin, et M. Hanotaux, Madagascar, au régime souple du protectorat, qui se plie à toutes les circonstances et s'adapte à tous les milieux.

Mais, presque nulle part, l'opinion et l'administration ne voulurent adopter leurs vues ou ne surent les maintenir : Madagascar fut bientôt, pour des motifs qui n'étaient pas absolument impérieux, transformé en colonie. Le Tonkin est aujourd'hui presque entièrement passé sous l'administration directe de la France; en Annam, il fallut l'énergique intervention de M. de Lanessan pour rétablir l'autorité du roi et des mandarins; tout récemment nous avons vu le Parlement contester à la Tunisie certaines libertés qu'elle tient des traités eux-mêmes; enfin, l'on peut dire que le monde colonial ne fait aucune différence entre nos diverses possessions, et que tout protectorat institué par la diplomatie est menacé par l'administration, que soutient l'opinion, d'être transformé en colonie gouvernée à la française. Ainsi le veut la théorie du *bloc*.

Diverses circonstances ont encore consolidé et étendu les effets de cette théorie.

A partir de 1890, la France, sortant de sa longue indifférence, s'aperçut que c'était peu à avoir des colonies si l'on n'en tirait parti. Gouvernement et particuliers se mirent à l'œuvre; on distribua des pamphlets, on institua des conférences; on vanta les colonies, on prêcha l'émigration aux colonies et le placement de fonds dans les entreprises coloniales. Or, dans cette campagne de propagande, publicistes et conférenciers ne faisaient, sauf de rares exceptions, nulle distinction entre les diverses parties de notre empire colonial. Ils plaidaient pour les colonies en *bloc*, sans s'inquiéter de leurs différences d'âge, de ressources, d'outillage ou d'institutions. On les vantait toutes également; on entendait les mettre en valeur toutes également et toutes en même temps.

Ces manières de parler eurent des conséquences fâcheuses. Les erreurs de langage engendrèrent des erreurs de conduite.

Les *possessions*, peuplées d'une forte majorité d'indigènes, furent traitées comme l'avaient été jadis nos *colonies* d'Européens : le Canada et les Antilles. Les indigènes, qui y payent presque tous les impôts, furent soumis à l'administration directe des Européens et pour le profit des Européens, qui n'en payent à peu près point. La Cochinchine, par exemple, eut, comme les Antilles et la Réunion, un Conseil général et une représentation au Parlement. La législation de la métropole fut appliquée, avec es modifications peu considérables, à des pays qui n'avaient rien de commun avec la métropole, ni la race, ni les coutumes, ni les besoins.

A la vérité, sur ce terrain de la législation, on vit quelques heureuses exceptions. En Tunisie, on garantissait aux indigènes les lois et la justice indigènes. Mais, au Tonkin, qui eût dû avoir ses lois propres, on leur appliquait toute une partie du Code civil et bon nombre des lois votées depuis ce Code. Et cela, quelquefois sans le vouloir et même sans le savoir.

Voici, par exemple, la loi de 1881 sur la presse : sait-on comment elle fut rendue applicable en Indo-Chine? L'histoire vaut d'être contée. Au début de l'occupation, le résident général d'alors, M. Paul Bert, se souvenant de l'*Act Torrens* introduit, après les modifications convenables, en Tunisie, et à la veille de l'être en Algérie, avait refusé de promulguer au Tonkin le système des hypothèques du Code civil, critiqué avec raison, depuis 1845, par la jurisprudence française. Il se proposait de faire élaborer par une commission, dans laquelle devaient figurer entre autres M. Charles Gide et M. Yves Guyot, un projet imité, lui aussi, de l'*Act Torrens*, et adapté au régime foncier de l'Indo-Chine. Le temps lui manqua pour accomplir cette réforme. Ses successeurs, moins informés ou moins prudents, laissèrent les choses en l'état, jusqu'au jour où, pressés par les circonstances, ils se résignèrent au pur régime hypothécaire français. Celui d'entre eux qui eut à prendre la mesure se fit apporter le recueil de nos lois; c'était le recueil, bien connu, du conseiller Rivière. Il l'ouvrit, le feuilleta avec curiosité et bientôt avec intérêt; il y trouva non seulement ce qu'il cherchait, le *Titre des hypothèques*, mais bien d'autres trésors législatifs : la loi de 1807 sur le dessèchement des marais; celle de 1810 sur les mines; celle de 1841 sur l'expropriation pour cause d'utilité publique; celle de 1855 sur la transcription, etc.; et, surpris et charmé, heureux de doter ses administrés d'une législation aussi riche, il promulgua le Code Rivière dans l'étendue du protectorat. Entre autres lois, le Code Rivière comprenait la loi de 1881 sur la presse; et voilà pourquoi la presse est libre au Tonkin. Bienfait de la théorie du *bloc*.

C'est la même théorie qui nous vaut ces administrateurs coloniaux qui roulent à travers tout notre empire, d'une colonie à l'autre, imposant ainsi au budget d'énormes frais de transports.

C'est la même théorie qui nous vaut, dans chaque colonie, de la plus vieille à la plus jeune, ces tribunaux institués presque sur le modèle des tribunaux métropolitains.

C'est la même théorie qui récemment permettait à une commission parlementaire de condamner, pour raison d'économies, la division du ministère des colonies en directions géographiques, — laquelle permet à chaque directeur de se spécialiser dans les questions qui intéressent son domaine, — pour y substituer une division par matières, matières politiques et matières économiques, chaque division étendant alors son action à tout l'empire, ce qui n'aurait évidemment que des avantages, si tout l'empire présentait les mêmes circonstances et les mêmes problèmes.

C'est la même théorie enfin qui a fait, durant ces dernières années, déployer au profit de Madagascar, colonie vieille au plus de cinq années et encore mal connue, un zèle de propagande et une ardeur d'organisation qui n'eussent guère été justifiés que pour le Tonkin, depuis vingt années entre nos mains, et qui ont imposé au célèbre gouverneur général Gallieni la tâche quasi-surhumaine de pacifier, d'administrer et de coloniser tout en même temps.

Tout cela, parce que nos colonies se valent toutes, que toutes ont le même âge et, au même moment, ont les mêmes besoins et présentent les mêmes avantages.

En vertu du bloc aussi, le voyageur qui a visité une partie de l'Afrique conclut pour l'Afrique entière; celui qui connaît les colonies d'Afrique conclut audacieusement pour l'Asie; en vertu du bloc, tel orateur politique, qui condamne certains actes commis à la Guadeloupe, embrasse dans la même condamnation tout l'empire colonial; en vertu du bloc, la presse anglaise, instruite de la décadence temporaire de nos vieilles colonies ou des erreurs de jadis en Algérie, mais ignorant tout ce qui se passe de nouveau et d'heureux au Tonkin, en Tunisie, en Afrique occidentale, les enveloppe toutes dans les mêmes critiques, et proclame absurde l'ensemble de la politique coloniale de la France. Effet du *bloc* et des erreurs qu'il engendre.

Eh bien, il convient de déclarer qu'il n'y a pas de *bloc*; la théorie du bloc, en matière coloniale tout au moins, est fausse; c'est, au surplus, une théorie qui n'existe qu'en France. Les auteurs hollandais et allemands s'étonnent de nos confusions de langage, source de nos erreurs de conduite. Les Anglais ne se permettent jamais une théorie d'ensemble sur leurs colonies; et ni leurs auteurs, ni leurs législateurs ne songeraient à voir dans l'Inde, par exemple, autre chose qu'une possession : le mot colonie leur paraîtrait ici un solécisme.

Nous aussi, nous devons admettre et introduire parmi nous ces distinctions de langage qui introduiront des différences de conduite, lesquelles désormais s'imposent à l'État, aux particuliers, à l'administration, aux capitaux.

Nous aurons à distinguer nos colonies d'après leur âge, leur population, leurs ressources, leur outillage. Et comme ces distinctions n'ont jusqu'ici pas été faites, il nous convient de les faire nous-même, et, pour cela, de rassembler les éléments qui nous permettront de juger et de conclure.

Ce sera l'objet de ces études.

CHAPITRE II

La pénurie de documents français.

Ceci va commencer comme un roman; ce n'est pas un roman.

Un jour, en 1898, deux hommes se trouvaient dans le cabinet du ministre des colonies : le ministre lui-même et un autre. Le ministre d'alors était M. Guillain, qui a laissé au pavillon de Flore beaucoup d'amis, et parmi les coloniaux, même s'ils n'ont pas été toujours d'accord avec lui, le souvenir d'un bon ministre, à cause de son intelligence ouverte, de son courage, et de son désir de bien faire et surtout de résoudre des problèmes laissés jusqu'à lui sans solution. Il importe peu de savoir qui était son interlocuteur.

Il avait devant lui une pile de documents, rédigés en diverses langues, et, les montrant au ministre : « Voici, disait-il, ce qui nous manque et qu'il faut que vous nous donniez. Il n'est pas de pays plus mal renseigné que la France sur ses colonies. Supposons que vous soyez, pour répondre à quelque député, désireux de présenter le tableau de la situation, à un moment donné, je ne dis pas de tout notre empire colonial, mais d'une seule de nos colonies : soyez assuré que ce tableau n'existe pas, qu'il faudra le faire exprès, en extraire les éléments de vingt documents épars, et que vos services, pour le dresser avec quelque sécurité, vous demanderont au moins quarante-huit heures et peut-être et même probablement devront télégraphier dans la colonie. Et, hormis vous, même le Français le mieux documenté serait dans l'impossibilité de rien fournir d'exact.

« Mais, qu'au lieu d'une colonie française, il s'agisse de quelque colonie étrangère que ce soit, voici des documents qui vous fourniront les renseignements les plus récents, les plus complets et — je vous dirai tout à l'heure pourquoi — les plus sincères, lesquels vous permettront de répondre au député le plus méticuleux.

« S'agit-il des colonies anglaises? Voici d'abord un livre infiniment précieux : le *Colonial Office List*, avec des informations et des chiffres actuels et rétrospectifs sur chaque colonie; puis, pour l'Inde, l'*India Office List*; puis les *Annuaires*, si pleins de choses utiles, que publient les diverses colonies et que distribuent les Agents Généraux des colonies à gouvernement responsable ou les Agents des colonies de la Couronne; puis, enfin des *Statistiques coloniales*, éditées en deux séries distinctes et portant sur tous les sujets susceptibles d'intéresser l'homme d'État, le savant, le commerçant.

« Mais ce n'est pas tout, et voici le plus précieux. Chaque colonie publie chaque année un *Rapport annuel*. Ce rapport est édité dans la colonie par le gouverneur, sous sa propre responsabilité, sans retouches imposées par l'autorité supérieure. Il est fait sur un plan uniforme et fournit des informations et des chiffres comparables d'une année à l'autre. Ce rapport, de 100, 200, 300 pages, qu'on peut se procurer dans la colonie ou à Londres pour quelques francs, est envoyé au ministère des colonies, qui le fait réduire aux dimensions d'un fascicule de 20 ou 30 pages, le distribue sous cette forme au Parlement et le fait mettre en vente pour quelque sous. Allez à la bibliothèque de l'*Union coloniale française*; vous trouverez la collection de ces rapports pour les quinze ou vingt dernières années; c'est un ensemble inestimable et d'une indiscutable sincérité. Car le passé éclaire le présent; les chapitres, une fois ouverts, sont continués d'année en année; une question, une fois amorcée, ne peut plus être passée sous silence. Au surplus, ce que taisent les Anglais — gens qui savent se taire quand il le faut — n'est rien à côté de ce qu'ils dévoilent; et ce qu'ils publient sur leurs colonies ou sur l'Inde est tel que le danger n'est pas d'être tenu dans l'ignorance par leurs silences voulus, mais plutôt d'être découragé dans les recherches par l'abondance des documents livrés. Et je ne dis rien des innombrables informations, officielles et officieuses, qu'apportent la presse locale des colonies et la presse métropolitaine, générale et coloniale.

« S'agit-il des colonies hollandaises? Ici encore les colonies elles-mêmes publient et vendent de nombreux documents. Voici, par exemple, à Java, le *Regierings Almanak*, trois volumes par an, qui, sur l'Insulinde, renferme une masse d'informations désirables; voici le *Budget annuel*, avec les chiffres comparatifs de l'année précédente; voici bien d'autres publications encore touchant l'instruction publique, les travaux publics, etc. Mais il y a plus et mieux. Tous ces documents spéciaux sont rendus à peu près inutiles par le document d'ensemble que publie chaque année, à la Haye, le ministère des colonies, et qu'on appelle *Kolonial Verslag*, le Rapport annuel. C'est un livre, quelquefois ce sont plusieurs livres dont le total arrive à former un millier de pages in-4 petit texte. Tout ce qu'on peut désirer savoir sur la politique coloniale du pays y est rassemblé : politique indigène, administration, statistiques de commerce, de finances, de population, textes législatifs, développement de la colonisation, concessions de terres, etc. Cette magnifique publication est distribuée aux États généraux et mise généreusement par le gouvernement hollandais à la disposition de ceux qui s'intéressent aux affaires coloniales.

« S'agit-il des colonies allemandes? Il n'existe que peu de publications locales; mais l'*Office colonial* publie à Berlin, un *Rapport annuel* sur toutes les colonies, et la *Kolonial Zeitung* le distribue gratuitement à ses abonnés. Ce n'est point un rapport aussi complet que ceux que nous venons de dire; et il se peut que les parties de l'administration coloniale laissées dans l'ombre soient aussi considérables que les parties tirées de l'ombre. Pour voir tout et pour y voir clair, il faudrait étudier avec soin, bien d'autres documents, et par exemple, le budget impérial; et encore n'arriverait-on pas à se rendre compte facilement de la situation financière de certaines compagnies subventionnées. Mais, pour incomplètes qu'elles soient, les informations que fournit le rapport ont une réelle utilité. Elles se succèdent, sur les mêmes sujets, d'année en année, permettent des rapprochements et des comparaisons et jettent quelque clarté même sur ce qu'on aurait souhaité tenir secret.

« L'Italie et le Portugal publient également des documents coloniaux, sur lesquels mes informations sont moins précises. Cependant je sais que chaque colonie portugaise fait l'objet d'un rapport annuel, et que le ministère des affaires étrangères d'Italie distribue, sous forme de *Livres Verts*, des exposés de situation pour l'Afrique italienne. »

Telle est, d'après cet interlocuteur du ministre, la richesse documentaire des nations étrangères. Qu'avons-nous à mettre en face?

Avant d'aller plus loin, une observation. Je désire qu'on ne me confonde pas avec ceux que la constatation d'une infériorité de notre pays peut charmer ou qui tiennent les yeux fermés sur les progrès réalisés chaque jour dans nos colonies. En toute circonstance, et récemment encore dans le Congrès colonial, dans le Congrès de sociologie coloniale, dans la dernière session de l'*Institut colonial international*, j'ai tenu à mettre en évidence, devant les étrangers et devant nos compatriotes, les changements heureux introduits depuis une dizaine d'années dans nos théories et dans notre pratique coloniales, et à montrer même, en face d'autres colonies étrangères moins fortunées, le succès, dû à nos administrateurs et à nos commerçants, de nos colonies de l'Afrique occidentale, pour ne rien dire de l'incontestable prospérité de nos possessions d'Indo-Chine et de Tunisie.

Mais enfin, il est impossible de fermer les yeux sur certaines défectuosités, comme aussi sur les causes de certaines améliorations récentes. C'est la critique bienveillante que, depuis cette douzaine d'années, n'ont cessé de faire la presse, les publicistes, les professeurs, et tous les amis des colonies, qui a permis de réaliser ces améliorations, et notre devoir à tous est de la continuer dans le même esprit, qui concilie l'amour des colonies et la claire vision de ce qui reste encore de défauts dans notre administration coloniale.

Un de ces défauts a été le désir d'agir dans le secret et de se soustraire au contrôle de l'opinion. On objectera peut-être que nos colonies publient, elles aussi, une masse considérable de documents : *Journaux officiels*, *Annuaires*, *Bulletins*, *Sessions des Conseils généraux, coloniaux, supérieurs*, *Budgets*, *Bulletins d'études*, etc. Cela est vrai, et certaines de ces publications sont des chefs-d'œuvre : par exemple, l'*État de la Cochinchine française*; certaines autres seraient de nature à intéresser grandement leurs lecteurs, quelques-unes même par leur cynisme, si elles avaient des lecteurs. Mais elles n'en ont pas. Je crois pouvoir affirmer qu'en dehors du ministère des colonies et de l'*Union coloniale française* on ne trouverait pas à Paris une seule collection complète de ces documents. J'ajoute que ces documents sont impuissants à eux seuls à rendre compte de la situation des colonies, et qu'il leur faudrait, comme compléments, soit un rapport d'ensemble émané du ministère, comme en Allemagne et aux Pays-Bas, soit des rapports spéciaux venus chaque année de chaque colonie.

Je dis des rapports pour chaque année. Des

publications comme les *Notices* publiées à l'occasion de l'Exposition universelle, dont quelques-unes sont des chefs-d'œuvre, et dont l'ensemble vaut presque une encyclopédie coloniale, de pareilles publications ont le tort de n'avoir pas de périodicité. Il nous faut des rapports annuels. Nous n'en avons pas.

Nous avons bien vu, il y a une dizaine d'années, M. Étienne donner au monde colonial des informations qui paraissaient régulièrement dans le *Journal officiel*, et étaient ensuite réunies en forme de brochure. Mais ce n'étaient guère que des renseignements d'ordre économique, comme en donne, en d'autres matières, le *Moniteur officiel du commerce*. C'était quelque chose; ce n'était pas tout ce que nous attendions : des rapports d'ensemble, construits sur un plan adopté une fois pour toutes, et publiés tous les ans par le gouverneur de chaque colonie. De ces rapports, il y a trois ans, M. Guillain, ministre des colonies, peut-être à la suite de la conversation que je rapportais plus haut, nous en a procuré pour l'année 1899. C'étaient des fascicules, allant parfois jusqu'à 70 ou

80 pages, et qui, bien qu'un peu partiaux et louangeurs, montrant ce qui est bon, cachant ce qui est mal, avaient une réelle valeur documentaire. Le rapport consacré à la Guinée notamment, renfermait, avec d'utiles statistiques, un bon exposé des méthodes commerciales du pays. Ce n'était là qu'un essai. Si l'on eût persévéré les années suivantes, on eût été amené à donner à ces rapports une forme plus administrative et à y introduire, année par année, des descriptions de la vie politique, administrative et commerciale de la colonie. Mais, après M. Guillain, le ministère des colonies retomba dans son mutisme habituel. Les colonies, à n'en point douter, continuèrent à envoyer leurs rapports annuels, mais elles ne les publièrent pas. Ce fut la fin de la lumière[1].

Pour connaître quelque chose des colonies, il faut suivre attentivement, au jour le jour, les publications locales, journaux officiels,

1. Depuis que ceci a été écrit, nous avons reçu les rapports sur la Guinée, la Côte d'Ivoire et le Dahomey, pour l'année 1900. Cela est excellent, quoique tardif, et tout à fait conforme à nos besoins.

délibérations des Conseils généraux, annuaires, budgets, presse politique et spéciale; encore ce qu'on obtient par là est-il fort incomplet. Quant aux publications de la métropole, elles sont peu de chose : toujours rares et parfois peu sincères. Et cela a toujours été.

Je me souviens qu'il y a quelque quinze ans, j'avais, à l'aide des *Statistiques coloniales*, fait des réserves sur le droit à une représentation dans le Parlement que pouvait faire valoir la Cochinchine, peuplée alors de 1 800 000 Annamites et de 1 700 Français, dont 1 350 fonctionnaires. M. Blancsubé, député de cette colonie, s'indigna de cette étude : l'année suivante, les *Statistiques coloniales* avaient supprimé les chapitres relatifs à la population européenne. Un peu plus tard, certaines statistiques du service médical révélèrent dans quelques-unes de nos colonies une mortalité humiliante parmi nos soldats et nos administrateurs : ces statistiques, à leur tour, furent supprimées. Et le silence se fit.

Notons encore que nos colonies sont assez peu connues. Nous ne les possédons — ceci est un point capital à noter — presque toutes que depuis dix à vingt ans ; nous n'en avons guère occupé, notamment en Afrique, que les rivages, et le livre, récemment paru, du capitaine d'Ollone nous rend compte de la difficulté d'en traverser pacifiquement l'arrière-pays.

Même là où nous avons eu un libre accès vers l'intérieur, nous n'avons pas pris le soin que prennent les Anglais aux Indes, grâce à leur admirable service du *Survey*, de faire la description, puis l'inventaire de la colonie, de ce qu'en peut produire le sol et de ce que le sous-sol en renferme. Enfin, nous n'avons jamais eu de recensement régulier. L'Indo-Chine va en faire un cette année, qui ne sera pas toutefois, elle le sait, la perfection. Les autres colonies sont encore moins avancées ; et ni en Afrique, ni en Indo-Chine, nous ne savons, même approximativement, le chiffre de la population. En Indo-Chine, je tiens, pour ma part, d'après certains documents vérifiés et rapprochés, qu'il y a au moins 20 millions d'habitants, mais d'autres ne vont pas au delà de 13 millions. A Madagascar, on avait compté sur 6 millions; il paraît aujourd'hui qu'il faut se rabattre sur 2 millions et demi.

Après cela, on se rendra compte de la difficulté de l'exposé que nous voulons donner des résultats obtenus pour les dix dernières années de notre politique coloniale; mais cela ne doit pas nous arrêter. Il nous est possible de dégager des éléments dont on dispose une vérité suffisante. Et cette vérité, avec les changements qu'elle nous révèle déjà, pourra servir à orienter, durant les années qui suivront, notre politique, notre administration et même nos capitaux.

CHAPITRE III

La France a-t-elle trop de colonies?

C'est une des premières questions qu'il faille se poser dans l'enquête que nous faisons.

Tout le monde se la pose, ou se l'est posée. Et les mêmes personnes n'y ont pas, à toutes les époques, répondu de la même façon.

Il y a eu un temps, encore proche de nous, où le pays, rassasié de conquêtes, déclarait n'en plus vouloir d'autres. Les hommes politiques de tous les partis l'ont répété à l'envi. Au banquet annuel de l'*Union coloniale*, en 1901, M. Decrais affirmait, avec énergie, en présence d'une grande assemblée coloniale, où figuraient notamment M. Doumer et M. Étienne, ces artisans de la France d'outre-mer, que l'expansion coloniale de la France est terminée. Nous-mêmes, à l'*Union coloniale*, nous avons, quand nous nous sommes fondés, pris comme point de départ que l'empire actuel est assez vaste, et que la tâche de l'avenir est, non plus de conquérir, mais de tirer parti de ce que l'on a déjà conquis. Et pendant dix ans nous sommes restés fidèles à ce programme. Mais les choses coloniales dans le monde entier ont évolué, et nous voyons aujourd'hui que notre formule, qui a enfermé toute la sagesse politique des dix dernières années, n'est ni juste, ni suffisante : l'expansion de la France n'est pas terminée. Il manque à notre empire en Afrique et en Asie certains compléments indispensables.

On objectera que notre force a des limites, et qu'en cas de guerre nous ne saurions pas tout défendre; nous répondrons à cette objection. Notre empire colonial a été improvisé, nous n'avons apporté à le constituer, ni plan ni méthode, prenant au jour le jour ce qui pouvait être pris, attirés par la facilité plus encore que par l'utilité de la conquête. Aujourd'hui nous voyons ce qui nous manque et ce qu'il nous faut : nous avons le devoir de nous l'assurer. Ces compléments importent à notre sécurité même. Si, quand nous en serons devenus maîtres, et aurons par là acquis un empire sur certains points mieux formé et plus homogène, nous nous trouvons dans l'impossibilité de tout défendre ou de tirer parti de tout, alors nous ferons un choix, et nous abandonnerons, s'il le faut, des conquêtes antérieures, dont l'utilisation est encore problématique, pour nous attacher à des possessions plus récentes peut-être, mais plus réellements utiles, pour ne pas dire indispensables.

On objectera encore que, bien ou mal constitué, cet empire est et sera trop vaste pour notre potentiel économique, et que nous ne pourrons pas l'administrer, encore moins le coloniser. A cette objection, nous répondrons encore : l'expérience des dix dernières années permet déjà d'y répondre.

Notons ceci : avant que ces dix dernières années fussent écoulées, personne ne pouvait se flatter d'y donner une réponse ferme. Ceux qui ont lancé notre pays dans la politique coloniale, Gambetta, Jules Ferry, Paul Bert, M. Étienne, etc., ont pu seulement espérer que de ces colonies que l'on conquérait, la France saurait tirer parti; ils voyaient les portions encore disponibles du monde diminuer rapidement sous le formidable appétit de l'Angleterre, et ils se hâtaient de prendre quelque chose avant que tout ne fût pris. Mais que ce qu'ils prenaient ainsi à tout événement pût être convenablement utilisé, ils pouvaient le souhaiter, non pas en être sûrs.

Et en face d'eux, qui n'étaient pas certains du succès, il y avait ceux qui se croyaient certains de l'insuccès. C'étaient tous ceux qui avaient étudié l'histoire de la colonisation sous l'Ancien Régime, tous ceux encore qui avaient suivi pas à pas nos tergiversations en Algérie, tous ceux qui savaient quelles sommes on y avait engouffrées dans de pitoyables essais de colonisation. Par le passé et par le présent, ils jugeaient de l'avenir, et ne cessaient de crier : « Encore une conquête? Encore une annexion? Nous ne savons déjà que faire de ce que nous avons. Nos colonies sont trop vastes. »

Cette opinion, qui fut un moment celle de la majorité des Français et qui n'est plus que celle d'une minorité, est encore partagée par bon nombre des nations étrangères. Voici un Anglais, M. Bodley; il connaît bien notre pays, il le connaît beaucoup mieux que beaucoup de Français; dans son remarquable livre : *la France*, il croit cependant devoir parler de nos « trop vastes colonies », et l'opinion qu'il exprime sous une forme discrète, nombre de ses compatriotes l'expriment sous une forme brutale. La presse indienne, par exemple, qui suit attentivement ce que nous faisons au dehors, ne manque jamais de flétrir notre « appétit ridicule de conquérir pour ne pas coloniser »[1]. Ce langage peut s'expliquer par quelque jalousie nationale; mais il ne reviendrait pas si souvent, si les Anglais ne croyaient fermement à l'échec actuel de toutes nos entreprises coloniales.

1. *Civil and military Gazette*, Lahore.

Bien entendu, ceux qui savent la réalité des choses, M. Johnston, par exemple, gouverneur de l'Afrique orientale anglaise, qui fut un temps consul général d'Angleterre à Tunis, et M. Austin Lee, attaché commercial à l'ambassade de Paris, qui se tient si attentivement au courant de notre vie coloniale, ne peuvent nourrir cette erreur satisfaisante pour l'amour-propre britannique. Ils savent tout ce que nous avons su faire en si peu de temps en Asie et en Afrique; ils savent même que, dans certaines régions, les Anglais se sont montrés, commercialement et politiquement, inférieurs à nous.

L'Allemagne aussi, qui étudie de près notre action coloniale, sait combien cette action a changé depuis dix ans et la bonne besogne que nous avons faite en maint endroit; et à diverses reprises, la presse allemande nous a rendu pleine justice.

Ce que savent tous ceux qui ont pris la peine de se renseigner, et ce qu'ils disent, et ce qui est, c'est qu'il y a actuellement en France, selon le mot de Paul Bourde, un esprit colonial nouveau, des méthodes coloniales nouvelles. Cet esprit s'inspire d'une connaissance plus exacte des problèmes et des difficultés de la colonisation; ces méthodes, pratiques et fructueuses, ont, soit sur la côte occidentale d'Afrique, soit en Tunisie, soit en Indo-Chine, donné, en un temps très court, des résultats, que nous traduirons bientôt par des chiffres, dont notre pays peut être étonné et doit être fier, et qui montrent que des colonies, dont en si peu de temps on a tiré de tels résultats, ne sont pas trop vastes.

Toutefois, on objecte encore, même après ces résultats constatés et admis, qu'ils peuvent bien nous satisfaire en tant que début, mais non pas comme terme dernier de nos ambitions. Or, à en croire certaines critiques, ils apparaissent dus à un effort considérable, qui ne pourra ni se renouveler, ni se continuer. En matière de colonisation, le succès ne peut être la conséquence que d'une natalité surabondante dans la métropole, et la France n'a plus d'enfants. Et l'on invoque l'exemple de l'Angleterre, et l'accroissement de sa population, qui lui a permis de peupler le Canada, l'Australie, le Cap, etc.; et, en face des 5 millions d'Anglo-

Saxons établis en Australie, on montre dédaigneusement les 400 000 Français de l'Algérie, qui ne sont même pas tous Français d'origine.

L'argument semble décisif; il ne l'est nullement, si l'on prétend s'en servir pour démontrer que les colonies actuelles de la France sont trop vastes, c'est-à-dire au-dessus de ses forces de nation colonisatrice.

Mais avant de montrer le peu de solidité de cet argument, je voudrais dire que ce n'est point la puissante natalité de l'Angleterre qui, seule, lui a permis de fonder des colonies. Bien d'autres circonstances y ont aidé. L'Angleterre, comme la France de l'Ancien Régime, a dû ses succès coloniaux en grande partie à ce que la société, dans la métropole, a été, à une certaine époque, une société fermée, avec des cadres si solidement constitués qu'ils ne permettaient que difficilement à de nouveaux venus d'y pénétrer. Et si l'on y regarde de près, ce sont des phénomènes sociaux et économiques du même ordre qui, à plusieurs siècles de distance, ont engendré les Croisades et les entreprises coloniales. Pour une foule de raisons, trop longues à exposer, la métropole était, à l'époque des Croisades comme à l'époque du grand développement colonial de l'Europe, devenue inhabitable pour certaines parties de la population, qui à cause de cela, se décidaient à aller ailleurs chercher une autre patrie. De là, tant de colonies fondées par la France et l'Angleterre au xviie et xviiie siècles. C'est encore ce que l'on constate dans ces dernières années. La France du vingtième siècle, elle aussi, devient, pour certaines fractions de la population, peu profitable à habiter; et si les mêmes phénomènes doivent amener les mêmes conséquences, nous avons le droit d'espérer voir bientôt sortir de France de nombreux colons : c'est, en effet, ce que l'on commence déjà à voir présentement.

Mais il n'est même pas besoin de s'aventurer sur ce terrain pour prouver le peu de solidité de cette opinion, à savoir que nos colonies seraient trop vastes.

Ces colonies, comme nous les appelons, ne sont pas des *colonies*, et il n'est pas question de les peupler. Elles sont des *possessions*, déjà peuplées d'indigènes, qui en occupent la meilleure partie; et, en sage politique, et si l'on avait pu s'abstraire des desiderata de l'opinion publique, il aurait dû être question uniquement de les administrer, non pas de les coloniser. Nous ne possédons, aujourd'hui, ni une autre Louisiane, ni un autre Canada, ni une Australie, ni aucune terre, dont le sol se soit trouvé vide d'habitants et dont le climat convienne parfaitement à la race blanche et lui permette de vivre et de se reproduire, en un mot, de peupler. Nous avons surtout des territoires comme l'Indo-Chine, Madagascar et nos possessions d'Afrique occidentale, situés sous les tropiques ou au voisinage des tropiques, dont le seul climat nous interdit d'espérer y implanter une large population française, qui fasse de ces pays sa nouvelle patrie. Nos compatriotes qui iront s'y établir seront comme les Anglais aux Indes anglaises, comme les Hollandais à Java, peu nombreux et animés presque tous du désir de rentrer un jour en Europe.

Sait-on le nombre et le rôle des Hollandais de Java et des Anglais des Indes ? Vraisemblablement peu de gens le connaissent; car on entend tous les jours parler des millions de colons anglais et hollandais établis dans ces possessions à perpétuelle demeure. Or, voici la vérité. Aux Indes anglaises, grandes comme est l'Europe de Moscou à Gilbraltar, peuplées de 300 millions d'habitants, et que les Anglais ont commencé à occuper ou à conquérir dès l'année 1601, il y a, en dehors des soldats et des fonctionnaires, moins de 40 000 particuliers, presque tous industriels ou marchands. Dans l'Insulinde, c'est-à-dire à Java, Sumatra, Bornéo, et dans les milliers d'autres îles qui dépendent de la Hollande depuis environ trois siècles, et qui ont la même superficie que les Indes anglaises, il y a 80 000 Hollandais, y compris les femmes, les enfants, les fonctionnaires et les métis : commerçants, médecins, professeurs, et colons proprement dits qui utilisent la main-d'œuvre indigène. Au regard des gouvernements hollandais et anglais, ces colons sont infiniment moins intéressants que les indigènes, qui produisent et qui payent l'impôt; et c'est pourquoi le gouvernement ne prend aucune peine pour les attirer et défend même aux indigènes de leur vendre de la terre. Aux Indes anglaises, on va même plus loin : les colons, pratiquement, ne sont pas admis dans la plupart des provinces, et il n'est pas rare de lire dans la presse anglaise des lettres de personnes qui se plaignent que tel gouvernement ait refusé de leur vendre des terres et de faciliter leur établissement.

Notre empire colonial comprend des parties qui sont de tout point comparables aux Indes et à Java : notre Indo-Chine, par exemple. L'Indo-Chine française, avec ses cinq provinces, Tonkin, Annam, Cochinchine, Cambodge, Laos, peuplée déjà de 20 millions d'habitants et qui pourrait un jour en nourrir trois fois plus, n'aurait pas dû, si nous avions su notre métier, être, au moins dans toute la période de début, environ cinquante années, être traitée comme une colonie ou même comme une terre colonisable. Elle aurait dû être et rester une possession, une terre de domination. Pas ou peu de colons, pas ou peu de terres concédées ou vendues aux Européens; pas de colonisation, pas de politique de colonisation. Mais une politique indigène. La population du pays, annamite, cambodgienne, laotienne, protégée dans ses biens, garantie dans ses coutumes, soignée dans ses intérêts matériels; les travaux publics conçus dans leurs rapports avec les productions du pays; autant d'irrigation que de chemins de fer; les territoires ouverts, les terres aménagées, l'eau portée à toutes les altitudes; le fonctionnaire uniquement préoccupé du bien-être et de la richesse de l'indigène; l'hygiène introduite partout, le pays assaini, les méthodes prophylactiques imposées; l'éducation se faisant d'abord technique, formant l'ouvrier et l'agriculteur, le mécanicien et le comptable, et ne prenant de la civilisation d'Europe que ce qu'en comporte une race depuis des siècles pliée à une autre civilisation. En cinquante années de ce régime, la population aurait triplé, et la richesse décuplé. Nous aurions dominé sur 60 millions de sujets, plus riches et plus heureux, levé 300 millions d'impôts, fourni au marché métropolitain toutes les matières premières qu'il demande au reste du monde : thé, épices, coton, soie, ramie, jute, teintures, etc.;

ouvert d'immenses débouchés à notre industrie nationale, permis de fructueux placements à nos capitaux, et confié la colonie à peu de fonctionnaires bien payés, à quelques gros industriels ou riches commerçants, et enfin au petit groupe d'agriculteurs chargés d'introduire dans le pays des cultures nouvelles. Quelles perspectives pour la métropole et pour sa prospérité; quelle carrière pour ses enfants!

Mais nous croyions en Indo-Chine comme ailleurs, avoir affaire à une colonie, et nous avons voulu la coloniser. Du moins y avons-nous déjà modifié nos prétentions et nos méthodes de jadis. Là, — et il en sera ainsi dans nos autres possessions —, désormais le nombre, toutes proportions gardées, et le rôle des colons seront à peu près les mêmes qu'aux Indes anglaises et hollandaises.

Ces colons seront commerçants ou planteurs; ils viendront avec des capitaux suffisants; ils emploieront des indigènes dont ils lieront la fortune à la leur; ils apprendront bientôt que, sans les indigènes, ils ne peuvent rien, et seront ainsi amenés, et le gouvernement avec eux, à prendre de ces indigènes un soin que la seule humanité et la seule justice ne leur auraient peut-être pas suggéré. Ce rôle de directeur du travail d'autrui limite fatalement leur nombre. Ce n'est point assez pour les attirer qu'il y ait dans le pays des terres disponibles; il faut aussi qu'il y ait des bras, de la main-d'œuvre. Et cela est tellement nécessaire, la possibilité de développer la colonie est tellement liée au développement de la population indigène, source de toute main-d'œuvre, qu'à l'heure actuelle, étant donné le chiffre de cette population et le contingent de main-d'œuvre disponible, nos candidats colons sont — contrairement à ce que l'on pense généralement — trop nombreux; plus nombreux en tout cas que ce que nos colonies tropicales en peuvent déjà recevoir. Dès à présent l'effectif de ces colons — 5 000 en Indo-Chine, 3 000 à Madagascar — est proportionnellement plus fort que celui des Anglais aux Indes et des Hollandais dans l'Insulinde. Nos colonies tropicales ne sont donc pas trop vastes.

Nos colonies et possessions de l'Afrique

septentrionale, l'Algérie et la Tunisie, ne présentent pas, tant s'en faut, à la colonisation les mêmes obstacles que nos colonies tropicales. Leur climat, au moins dans leur partie nord, est acceptable pour l'Européen : c'est le climat, ou peu s'en faut, de notre Provence. L'Européen, le Français, notamment celui du Midi, peut y vivre, y prospérer, y fonder une famille, en faire sa nouvelle patrie. Sans doute, il y rencontrera certains éléments que ne connaît pas la France continentale : une population d'environ 7 millions d'indigènes. Mais ces indigènes, dont il importe de respecter les droits et de ménager les intérêts, ne sont pas ici un obstacle à l'œuvre de colonisation. Ils fourniront aux grandes entreprises une main-d'œuvre qu'on s'efforcerait inutilement de se procurer sans eux; et, bien qu'une forte proportion d'entre eux soient encore pasteurs et nomades, ils laissent aux colons, grands et petits, d'assez vastes étendues disponibles. Il y a donc de la place dans l'Afrique du nord : en Algérie, en Tunisie, plus tard au Maroc, pour plusieurs millions de nos compatriotes, ouvriers de la grande et de la petite colonisation.

Mais il faut bien remarquer qu'ici encore la prospérité de ces possessions ne dépend pas uniquement de la présence de nos compatriotes. S'il arrivait, pour des causes improbables mais qu'on peut prévoir, qu'ils ne vinssent pas, dans l'Afrique du nord, en assez grand nombre pour prendre en main l'œuvre de colonisation, nous aurions toujours la ressource d'y faire une politique coloniale, noble et profitable à la fois, fondée presque tout entière sur le développement et l'éducation de la population indigène. Ce n'est donc pas encore ici qu'on trouvera un argument en faveur de cette thèse que nos colonies sont trop vastes.

La vérité est que, ni en Asie, ni en Afrique, ces possessions ne sont trop vastes, et ne dépassent le potentiel colonisateur de la France. Elles n'exigent (je ne dis pas elles ne comportent) qu'un nombre limité de colons, et l'action que la métropole peut et doit exercer sur elles s'exerce et s'exercera moins par le nombre des colons que par l'importance des capitaux et l'étendue des connaissances de ces colons, directeurs du travail indigène.

Cette manière de présenter la question, dont personne de compétent ne contestera le bien fondé, permet d'affirmer qu'après l'Angleterre, il n'est pas un pays d'Europe plus apte que la France à tirer parti de ses possessions actuelles. La prospérité de ces possessions ne dépend pas de la natalité de la métropole, mais de sa richesse, et, sauf dans l'Afrique du nord, les procédés qui l'assureront sont, non pas une puissante émigration, mais une émigration limitée et choisie, émigration de capitaux et d'intelligences, et surtout une bonne administration des populations indigènes, dont nous avons besoin comme elles ont besoin de nous.

CHAPITRE IV

La politique indigène.

Politique indigène veut dire une politique qui reconnaît des différences de race, de génie, d'aspirations et de besoins entre les habitants indigènes d'une possession et leurs maîtres européens, et qui conclut de ces différences à la nécessité de différences dans les institutions. Il n'est pas, dans toute la politique coloniale contemporaine de la France, avec le genre de *possessions* qu'elle a (qui ne sont pas — insistons-y toujours — des *colonies*, au sens technique du mot), il n'est pas, sans exception aucune, de question plus importante que la politique indigène.

Des possessions peuvent être envisagées de deux points de vue : comme territoires peuplés d'indigènes qui travaillent, produisent, payent l'impôt, fournissent des soldats et sont, de toutes façons, un élément de puissance et de richesse aux mains de la métropole : telles sont, sauf une ou deux provinces, les Indes pour les Anglais; ou encore comme territoires peuplés sans doute, mais offrant toutefois des terres disponibles, sur lesquelles les Européens pourront s'établir en qualité de planteurs : telle est l'Insulinde, pour les Hollandais; telles sont, pour nous, nos cinq provinces de l'Indo-Chine.

Considérées de ce second point de vue, les possessions sont donc appelées à renfermer à la fois des indigènes et des colons. Ces colons ont besoin de main-d'œuvre; cette main-d'œuvre, jusqu'à ces derniers temps, ils pouvaient espérer se la procurer ou sur place, ou dans certaines régions qui pratiquaient, soit l'esclavage comme l'Afrique, soit le contrat d'engagement comme l'Inde anglaise. Aujourd'hui, sous certaines réserves que nous dirons plus loin, l'esclavage n'existe plus et le contrat d'engagement est devenu sinon impossible, du moins fort difficile. Dans ces conditions, il n'y a plus d'alternative : le colon doit recruter la main-d'œuvre sur place, dans la possession même; chaque possession doit vivre sur son propre fonds : cette obligation où ils se trouvent fait à ces colons et à leur gouvernement une nécessité d'une bonne politique indigène.

Au reste, de quelque point de vue que l'on considère les possessions, soit comme possessions de gouvernement et d'exploitation, soit comme centres de planteurs européens, la politique indigène est une nécessité : les indigènes y sont la condition même du succès. Sans indigènes, pas de production et pas d'impôt, voilà pour le gouvernement; sans indigènes, pas d'agriculture ni d'industrie : voilà pour les colons-planteurs; sans indigènes, pas d'affaires : voilà pour les commerçants. Sans indigènes, il n'y aurait plus qu'à évacuer. Ces considérations doivent amener les gouvernements des possessions à prendre souci de leurs indigènes; de là, nécessité d'une politique indigène.

Cette nécessité, ni notre Ancien Régime, ni

même notre Régime nouveau, au moins avant ces dernières années, ne semblent l'avoir entrevue.

Cela s'explique : l'Ancien Régime n'a pas eu à s'inquiéter du problème indigène. Son empire colonial se composait (du moins, il le croyait) de colonies et non de possessions; ces colonies étaient, pour la plupart, situées sous des climats où l'Européen peut vivre et qu'il s'agissait, dans les plans de cette époque, de peupler de Français : quand on consulte les chartes de Richelieu et même de Colbert, on voit que, même dans les îles à climat semi-tropical, le gros problème fut le problème du peuplement. Ces régions, d'autre part, ne renfermaient, avant notre venue, que peu d'habitants. En eussent-elles renfermé davantage que le problème indigène ne s'y fût pas posé de la même façon qu'il se pose aujourd'hui devant nous.

La distinction qu'on faisait alors entre les hommes était une distinction moins de race que de religion. Tout un aspect de la politique coloniale d'autrefois visait le baptême des indigènes. Baptisés, ces indigènes devenaient des Français. Il y avait ainsi dans ces colonies deux sortes de Français : les Français d'origine et les Français convertis. Tous étaient presque soumis aux mêmes lois et aux mêmes règlements : l'utilité d'une politique spéciale pour les indigènes n'apparaissait pas à l'Ancien Régime.

Et elle n'apparut pas davantage au nouveau régime, du moins à ses débuts. Les indigènes d'autrefois étaient sujets du roi, comme les Français d'origine; plus tard, comme les Français d'origine, ils devinrent citoyens français. Sous la Révolution, grâce à l'influence des idées de Jean-Jacques, un revirement s'était opéré : l'égalité des races, désormais, dominait toute la politique coloniale ; on parlait non plus de *convertir*, mais d'*assimiler*. Mais convertir et assimiler sont très voisins l'un de l'autre : au lieu de soumettre les indigènes à une même religion, il était question de les soumettre à une même civilisation. Malgré les efforts de Mirabeau les indigènes devinrent de fait des citoyens français. La politique indigène n'y gagnait rien. Mais un élément nouveau allait bientôt la faire entrer dans nos préoccupations.

En ce temps-là, les indigènes de nos possessions étaient tous des noirs. Après 1830, la conquête y ajouta des blancs en Algérie et des jaunes en Cochinchine ; jaunes et blancs trop nombreux, trop intelligents et trop ancrés dans leur civilisation pour qu'on osât cette fois en faire des citoyens. La crainte qu'on en eut fut telle que, jointe à l'influence des colons d'une certaine période, elle fit, par exemple en Algérie, opposer à la notion de l'assimilation celle du refoulement.

Ce fut le commencement d'une politique spéciale pour les indigènes. La solution était détestable, mais c'était une solution. Parler de solution implique qu'il y a un problème : le problème indigène apparaissait enfin à notre pays.

La doctrine du refoulement, au reste, ne prévalut pas ; l'esprit d'humanité, qui est celui de la France, s'y opposa. Mais elle fut remplacée, dans les pays où les indigènes sont des blancs ou des jaunes, en Algérie et en Cochinchine, par une sorte d'indifférence administrative, tandis que la notion de l'assimilation continuait à prévaloir pour ceux de couleur noire.

Ainsi, il y eut, à cette époque (1870-1880), deux doctrines distinctes et opposées touchant les indigènes.

L'Algérie, après avoir songé successivement à assimiler et à refouler les indigènes, en vint à un *modus vivendi* qui tantôt s'efforçait de plier les indigènes à nos conceptions et à nos lois, et tantôt se résignait à respecter leurs coutumes et leurs préjugés. Nos vieilles colonies, au contraire, Guadeloupe, Martinique, Réunion, Sénégal, même l'Inde où les noirs ne sont pas des nègres, marchèrent délibérément vers la fusion des races et en vinrent à conférer le droit d'électeurs à des hommes de couleur que rien ne recommandait spécialement à cette faveur. Cela fut poussé si loin que, il y a environ une douzaine d'années, la Guyanne, par exemple, ayant besoin de main-d'œuvre importée, le Conseil général de cette colonie entendit cette proposition stupéfiante : d'attirer les noirs d'Afrique par certains avantages matériels, auxquels on joindrait l'offre de la qualité de citoyens français.

Pendant longtemps, la doctrine de la fusion et de l'assimilation l'emporta.

Sous l'influence de pareilles idées, on étendit aux indigènes, dans presque toutes nos colonies, notre action administrative, judiciaire, etc., à ce point que des districts barbares de la côte occidentale d'Afrique, où nous n'avions pris pied que depuis un temps fort court, furent annexés et soumis à une partie de nos lois et règlements. Décidément, la notion d'une politique spéciale pour les indigènes s'était de nouveau obscurcie.

Elle avait cependant, même devant cette période, brillé d'un vif éclat. Ceux qui ont étudié les Bureaux arabes en Algérie et le système administratif et judiciaire qui prévalut en Cochinchine sous la période dite des amiraux (1861-1879), savent que ces deux organisations correspondent à une conception qui, en ce qui touche les indigènes, s'éloignait également de l'assimilation et de l'indifférence. Elle impliquait le souci des indigènes, avec la volonté de leur donner ou de leur laisser une administration, des lois et des règlements faits pour eux spécialement et appropriés à leurs mœurs et à leurs besoins. C'était une politique indigène.

Les Bureaux arabes périrent de ces excès dans lesquels risquent de tomber des administrations insuffisamment contrôlées; l'organisation créée par les amiraux en Cochinchine succomba sous le principe de la séparation des pouvoirs. Et, après leur disparition, la théorie de l'assimilation prévalut sans rivale dans l'administration de nos possessions, même de celles qui relevaient d'autres ministères que celui des colonies. On sait tous les maux qu'elles lui ont dû ; le tableau en serait long. Ils tenaient tous à l'absence d'une politique indigène.

Une réaction finit par se produire, basée non plus sur des théories, mais sur des faits observés. Le jour où la France se mit à pratiquer, de propos délibéré, une politique coloniale qui ne pouvait réussir sans de larges modifications dans le système d'administration, on vit, peu à peu, se substituer à cette doctrine de l'assimilation celle de la différence des races et —

conséquence nécessaire — de la différence des institutions, laquelle fut consacrée par l'organisation du protectorat en Tunisie d'abord, puis en Indo-Chine. A partir de ce moment, tout le monde reconnaît la nécessité d'une politique indigène; on pourra différer d'avis sur les procédés de cette politique : personne ne croira plus à la possibilité de s'en passer.

Le protectorat, forme tangible de cette politique, n'eut cependant pas chez nous, en tant qu'institution, un succès incontesté. En Tunisie, solidement implanté par M. Paul Cambon, il a été accepté et maintenu jusqu'à aujourd'hui, et bien que les colons à Tunis et le Parlement en France tendent à le fausser, on peut croire qu'il durera. En Indo-Chine, bien compris et bien appliqué par M. Paul Bert, qui avait pourtant une tendance à le confiner dans l'Annam proprement dit pour émanciper un peu le Tonkin et y introduire l'action plus directe de la France, il dut, un peu plus tard, être renfloué, même en Annam, par M. de Lanessan; mais, dès à présent, on peut prévoir qu'il sera un jour ou supprimé ou profondément modifié :

ni l'opinion, ni l'administration coloniale ne paraissent pénétrées de l'utilité de conserver un si précieux instrument de gouvernement ou de la possibilité de le plier à toutes les exigences de la vie européenne. Enfin, à Madagascar, institué, comme nous l'avons dit, sous l'influence de M. Hanotaux, il fut, pour des causes que tout le monde connaît, bientôt remplacé par l'administration directe.

La politique indigène spéciale que réclament nos possessions va-t-elle donc succomber? Non. Et voici le progrès qui marque les dix dernières années. Même là où le protectorat n'a pas été nominalement maintenu, on continue encore à faire de la politique et de l'administration de protectorat. Les districts du Sénégal, qui avaient été imprudemment annexés, sont, à partir de 1890, désannexés, et l'on y répudie les lois françaises et les formes de la justice française. A Madagascar, le grand gouverneur qu'est le général Gallieni, auteur de l'annexion, fait encore de la politique de protectorat, aidé en cela notamment par le colonel Lyautey, l'auteur de cette belle étude : *le Rôle colonial de l'armée*, où il a développé cette thèse, qui est de l'essence même du protectorat, que les procédés de conquête doivent se lier aux procédés d'administration et tous deux avoir le plein souci des intérêts des indigènes. C'est le triomphe de la politique indigène.

En dehors du gouvernement et de l'administration, cette politique a gagné aussi du terrain, et l'on a vu les deux Congrès coloniaux qui se sont tenus à Paris pendant l'Exposition universelle de 1900, le *Congrès colonial*, et surtout celui de *Sociologie coloniale*, que la condition des indigènes préoccupait plus spécialement, proclamer, avec une égale force, qu'il faut respecter et maintenir les coutumes et les institutions des indigènes et limiter l'introduction des idées européennes aux seules parties qui peuvent servir les progrès du commerce et de la civilisation.

Remarque bien satisfaisante, le commerce, l'agriculture, les affaires, en un mot, commencent à comprendre qu'elles ne peuvent prospérer qu'à la condition que le gouvernement pratique une bonne politique indigène. Les commerçants et les colons ne peuvent rien s'ils n'ont une main-d'œuvre abondante et à bon marché. Jadis ils se la procuraient par l'esclavage ou les contrats de travail; aujourd'hui, ils doivent se la procurer par d'autres moyens, des moyens nouveaux, qui ne sont ni l'esclavage, ni l'importation de travailleurs engagés. Et ils le savent. Et qu'ils le sachent, cela constitue un triomphe pour la politique indigène et un nouveau progrès de ces dix dernières années.

Les colons ont bien compris que l'indigène, l'habitant du pays, est un collaborateur dont ils ne sauraient se passer. Sous ces climats, l'Européen ne peut pas travailler. Et non seulement l'Européen immigré, mais même — autant qu'on peut croire — l'Européen né en Asie ou en Afrique. Il semble qu'il y ait une impossibilité de nature à ce que la race européenne s'acclimate et se perpétue dans ces pays. Le général Faidherbe en était si convaincu qu'il avait tout un plan de politique et d'éducation à l'égard des métis.

Cela étant, le colon ne peut compter que sur la collaboration de l'indigène. Cette collaboration, il l'attend d'une administration équitable et bonne et de contrats bienveillants et avantageux pour l'indigène. De ces contrats, il est déjà un certain nombre en voie d'exécution, en Indo-Chine, par exemple. On les connaît de reste; il n'est pas besoin de les décrire ici. Les autres colonies suivront l'exemple de l'Indo-Chine. Et de ces contrats d'association, toute une politique découle : veiller sur l'indigène, le sauver du découragement qui l'a perdu ailleurs, lui procurer un travail rémunérateur, lui assurer une exacte justice dans la répartition des produits du travail; en un mot, faire tout pour que la race indigène, heureuse et satisfaite, dure et s'accroisse : condition du succès des entreprises coloniales.

Mais ce n'est pas assez d'une politique de bienveillance chez les gouvernants, et de sentiments de bienveillance chez les colons envers les indigènes. La politique indigène réclame autre chose, à la fois pour inspirer confiance aux indigènes et pour sauvegarder leurs intérêts de façon permanente : un outillage à la moderne, qui attire les colons et modifie du tout au tout la vie des indigènes, et des institutions politiques et administratives.

CHAPITRE V

La politique économique : les finances, l'outillage, le commerce.

C'est sur ce terrain que nous allons voir surtout apparaître les progrès de la colonisation française dans les dix dernières années. Ce n'est pas exagérer beaucoup que de dire que, pendant longtemps, la conduite de la France dans sa politique coloniale a été celle-ci : conquérir les colonies avec plus ou moins de peine, à plus ou moins de frais, et, ces colonies une fois conquises, ne plus s'en occuper. Sans doute le budget du ministère dont elles relevaient s'enflait d'année en année de toutes les sommes que l'on consacrait à leur administration courante; mais il ne venait pas à l'esprit que les colonies sont comme des enfants qui, pour devenir adultes et vigoureux, ont besoin, au début, d'une forte alimentation : la forte alimentation des colonies est l'outillage économique. Cet outillage, on ne le leur refusait pas à proprement parler; on ne songeait pas à le leur donner; les colonies languissaient, la politique coloniale se traînait sans profit et sans crédit, et la métropole ne la maintenait que parce qu'il est difficile de rompre avec le passé, et aussi parce que la marine, de qui relevaient les colonies, réclamait des points d'appui pour ses flottes. Aujourd'hui, tout cela est changé : la conduite, les résultats et les conséquences. Nous allons tâcher de le montrer dans un court tableau.

1° Colonies de l'Afrique occidentale.

Parlons d'abord des colonies de *l'Afrique occidentale*. Le long de la côte occidentale, la France a pris pied, depuis plusieurs centaines d'années, au Sénégal, et, sur d'autres points du littoral, depuis quelque quarante ou cinquante ans; mais c'est seulement depuis Faidherbe que le Sénégal est devenu une possession territoriale, et que nos administrateurs, après nos soldats, ont pénétré plus ou moins profondément dans l'intérieur du pays. Pour les autres *possessions* de la côte occidentale d'Afrique, pour la Guinée française, la Côte d'Ivoire et le Dahomey, elles n'existent que depuis 1890; le Congo, que depuis 1886.

Or, aujourd'hui, en 1902, toutes, sauf une région particulière du Sénégal, elles conservent deux aspects caractéristiques, et qui marquent bien leur âge et l'étape à laquelle elles sont arrivées sur la route de la colonisation : elles ne sont guère que des *comptoirs* le long de la côte; et elles n'alimentent leur commerce que grâce à la *cueillette* des fruits spontanés de la terre.

Le *comptoir* est un point choisi sur la côte par le commerçant. Ce point doit être d'un accès facile par mer et d'un accès facile par terre, pour que, d'une part, les opérations de débarquement et d'embarquement s'y fassent aux conditions les plus économiques, et que, de l'autre, les caravanes venant de l'intérieur puissent y accéder facilement. Si le point est bien choisi, le commerce, la concurrence aidant, s'y développera et les caravanes, certaines de trouver sur ce point des marchandises en plus grand choix et à meilleur prix, s'y rendront de préférence, abandonnant d'autres comptoirs.

C'est ainsi que Conakry, par exemple, s'est créé. Beaucoup plus récent que les autres centres d'affaires de la région, Rio Nunez, Rio Pongo, Benty, îles de Los, Conakry, par sa situation maritime, par son accès facile de l'intérieur, a vu la concurrence s'y développer rapidement et est devenu le point important de la Guinée française. Les îles de Los sont passées aujourd'hui à l'état de souvenir; Benty et Rio Pongo ne font plus qu'un commerce local insignifiant; Rio Nunez reste le débouché de la région de Kadé, mais son importance a très sensiblement diminué; Konakry est la reine des cités du pays.

Il se fait dans un comptoir deux genres d'affaires tout à fait distincts.

1° Le commerce local qui consiste à acheter des noirs les produits de la région même et à leur vendre les marchandises dont ils ont besoin. Dans les pays comme ceux qui constituent la côte de la Guinée française, ce commerce est peu important et deviendrait, pour ainsi dire nul, si la population qui y habite ne trouvait pas dans le mouvement et l'activité imprimés à toute la région, par le va-et-vient des caravanes, des occasions de travail et des causes de richesses.

2° Le commerce avec l'intérieur, qui consiste à acheter des caravanes venant de l'arrière-pays les produits qu'elles apportent (caoutchouc, gomme, peaux, bestiaux, etc.) et à leur vendre les marchandises européennes qu'elles emportent dans l'intérieur et qu'elles échangent ensuite contre les produits du sol.

Pendant longtemps, ce commerce a eu la forme du troc. L'Européen apportait des marchandises d'Europe, et il les échangeait avec l'indigène contre des produits de la terre d'Afrique. L'Européen apportait des tissus, des liqueurs (malheureusement), des armes, des articles de quincaillerie, etc. ; l'indigène apportait de la gomme, de l'ivoire, du caoutchouc des peaux, etc. Entre eux, point de monnaie, mesure commune de la valeur de chaque marchandise; ce n'était point l'achat et la vente, c'était le *troc*.

Le commerce de troc n'existe plus que sur quelques points arriérés de la côte. Cette forme primitive du commerce a heureusement disparu de la Guinée française. La place nous manque ici pour montrer ce que ce système avait de barbare et d'anormal, économiquement parlant.

Aujourd'hui, on paie en espèces les produits offerts et, avec les espèces qu'ils se sont ainsi procurées, les noirs, habitant la région des caravanes, achètent les marchandises dont ils ont besoin pour leur consommation et pour leur commerce.

Sous l'action de la concurrence, certaines maisons de commerce dans le but de se rapprocher des sources de production, ont essayé de s'installer dans l'intérieur. Elles ont ouvert de maigres comptoirs jusqu'à des 500 et 600 kilomètres de la côte. Ces essais ont été désastreux. Il fallait, d'une part, transporter les marchandises de la côte jusqu'au point choisi; de l'autre, faire descendre les produits achetés jusqu'à la côte où on les embarquait pour l'Europe. Les noirs se sont vite aperçus que, dans ces conditions, le prix qu'on pouvait payer leur caoutchouc à Kouroussa, par exemple, était inférieur, transport déduit, à celui qu'ils obtenaient à Conakry. En effet, dans l'état actuel des choses, le blanc ne peut pas transporter à aussi bon marché que l'indigène. De plus, les noirs ne trouvaient pas dans ces comptoirs de l'intérieur les assortiments dont ils avaient besoin.

Ces tentatives de pénétration ont donc échoué, mais elles ont eu cependant un résultat heureux. Les commerçants de la côte, redoutant dans une certaine mesure la concurrence de ceux de l'intérieur, se sont ingéniés à découvrir les meilleures conditions du commerce; peu à peu ils ont abaissé leurs prix de vente (marchandises européennes) et élevé leurs prix d'achat (produits africains), et enfin ils ont définitivement substitué au troc la vente et l'achat proprement dits, payant et se faisant payer en argent. Ces conditions meilleures du commerce (et un outillage de jour en jour plus complet) ont permis à certains de nos comptoirs de se développer, même au détriment de colonies étrangères voisines ; mais elles n'ont changé ni la nature de leurs affaires, ni leur caractère propre. Ces comptoirs, jusqu'ici, sont encore des *comptoirs* : les affaires se font le long de la côte. A la vérité, l'intérieur est largement ouvert, les produits du pays même éloigné descendent jusqu'à la mer, et le jour peut être entrevu où le *comptoir* deviendra réellement une *possession*.

Une seconde caractéristique de ces colonies d'Afrique occidentale est que le commerce ne s'y alimente guère que par la *cueillette*, la récolte des fruits spontanés de la région. Les affaires portent sur l'ivoire, la gomme, le bois, le caoutchouc; il s'y joint quelques affaires sur les bestiaux qu'élèvent les indigènes, mais jusqu'ici c'est peu de chose. Les gros chiffres proviennent de produits non cultivés, que les indigènes n'ont eu que la peine de recueillir dans la brousse ou dans la forêt. Cette affirmation n'est pas entièrement exacte dans une belle région du Sénégal, ouverte par le chemin de fer, et dans quelques districts de la Guinée; là, le commerce est alimenté principalement par l'arachide, objet d'une culture régulière. Mais cela n'est encore que l'exception; partout ailleurs l'indigène, au lieu de manier la pioche, préfère saigner ou couper l'arbre de la forêt; et il le saigne et le coupe sans compter, sans s'inquiéter de l'avenir, vivant au jour le jour et ne prenant nul souci du lendemain.

La forêt, à ce régime, sera fatalement épuisée. Cela n'est pas resté inaperçu des commerçants; ils se sont demandé ce qu'il adviendrait de leurs affaires le jour où effectivement la forêt serait épuisée; et ils ont étudié la question de savoir s'il ne conviendrait pas de planter arbres et lianes pour remédier à l'épuisement certain, sinon prochain, des produits spontanés de la terre. Jusqu'ici, ils ne s'y sont pas encore résolus, et les colonies de la côte d'Afrique en sont encore à la *cueillette*.

La cueillette n'est pas près d'être remplacée par la culture. Les marchands savent trop bien que, tant que la forêt fournira ses produits spontanés, les produits de la culture ne sauraient lutter avec eux sur le marché. Toutefois, plusieurs d'entre eux ont déjà des plantations, sortes de pépinières où ils élèvent les lianes et les arbres à caoutchouc dont, le temps venu, ils couvriront des espaces grandissants, en vue de parer à la diminution possible des produits de la forêt. Et, à côté de ces plantations de caoutchouc, il en existe d'autres : plantations de cacao, de café, etc., qui donnent déjà des produits, mais néanmoins ne sont encore que peu de chose, et ne se développeront que le jour où l'on sera rassuré sur l'avenir du café, aujourd'hui fort incertain après les immenses plantations qui en ont été faites au Brésil.

Mais déjà, les indigènes ont, en matière de culture, devancé les Européens. Au Sénégal, en Guinée, sur d'autres points encore, ils ont cultivé de très vastes superficies en arachides, que l'Europe et surtout la France leur enlèvent intégralement chaque année. A cet égard, rien de plus instructif que ce qui a été fait au Cayor, après que le chemin de fer de Dakar à Saint-Louis eut ouvert cette région au commerce. Depuis dix années, la récolte d'arachides y a passé de 50 000 à 150 000 tonnes, et les prix, non pas les prix obtenus sur le marché européen, mais les prix payés dans l'intérieur aux indigènes eux-mêmes, n'ont cessé de progresser, montant environ de 3 francs par 100 kilos, à savoir de 12 à 14 francs et même 15 francs. Il y a là une expérience d'où il sera quelque jour possible de déduire certains enseignements. Peut-être l'avenir économique ne réside-t-il pas dans des entreprises, au moins agricoles, directement faites par l'Européen, mais plutôt dans des indications, des conseils, des encouragements donnés aux indigènes, qu'on trouvera, contrairement à l'opinion commune, toujours disposés à travailler, si leur travail leur laisse des bénéfices et leur permet de se procurer plus de jouissances.

Voilà pour la *cueillette*. Elle durera longtemps encore.

La transformation des *comptoirs* en colonie, c'est-à-dire la pénétration dans l'intérieur et l'organisation des territoires, qui en sera la conséquence, seront, au contraire, probablement l'œuvre des années prochaines. Depuis cinq ou six ans, ces colonies africaines fondées, sauf le Sénégal, seulement en 1890, ont vu s'accroître leurs recettes d'une façon véritablement étonnante. Et cela est exact non seulement de la Guinée, type achevé de ces sortes de colonies-comptoirs, mais de toutes les autres. Le budget du Sénégal, en 1897, était de 3 600 000 francs environ; en 1901, il a été de 4 600 000 francs : un million d'augmentation. Celui de la Guinée était, en 1897, de 750 000 francs, il a été, en 1901, de 2 900 000 francs : augmentation, plus de 2 millions. Celui du Dahomey était, en 1890, de 325 000 francs; en 1893, de 640 000 francs; en 1896, de 1 700 000 francs; en 1897, de 1 900 000 francs; en 1901, de 3 millions; augmentation sur 1897 : plus de un million. Le budget de la Côte d'Ivoire était, en 1895, de 1 500 000 francs; en 1897, de 1 700 000 francs; il a été, en 1901, de 1 900 000 francs; augmentation : 200 000 francs.

Ces accroissements de recettes si intéressants sont dus, pour la plus grande partie, aux droits de douanes ou aux droits de consommation, qui, dans certaines colonies, remplacent les droits de douanes : en 1901, le Sénégal a encaissé, du fait des douanes, 3 600 000 francs; la Guinée, du fait des droits d'exportation ou de consommation, 1 200 000 francs; le Dahomey, du fait des contributions indirectes, 2 300 000 francs; la Côte d'Ivoire, du fait des contributions indirectes, 1 600 000.

Notons, en passant, que certaines colonies sont plus avancées que d'autres. Les droits de douane sont l'enfance de la taxation; on les rencontre dans toutes les colonies, même naissantes. Une fois ces colonies en voie d'organisation, elles cherchent d'autres sources de revenus : c'est ainsi que la Guinée française demande 1 800 000 francs à l'impôt de capitation sur les indigènes. Les autres colonies déjà l'imitent ou sont à la veille de l'imiter dans cette voie.

Ces ressources grandissantes, ces impôts, chaque année plus importants, sont dus à ce que, chaque année, il s'ouvre plus de maisons de commerce et il se fait plus d'affaires. Et, bien que ces maisons de commerce soient, pour une assez large part, étrangères, il nous est toutefois permis de dire que ce développement des colonies coïncide avec le développement en France de la propagande coloniale, dont l'*Union coloniale* a été l'un des instruments, et de revendiquer, pour cette société et pour les sociétés similaires, l'honneur d'avoir largement contribué à la prospérité des colonies de notre pays.

Le développement des affaires et des recettes a permis à ces colonies une politique de travaux publics, qui fut une nouveauté. Nos autres colonies ont, pendant longtemps, inscrit, dans leur budget plus de crédits pour le personnel des travaux publics que pour les travaux publics eux-mêmes. Celles-ci, au contraire, bien qu'elles aient, comme les autres, placé le chapitre des travaux publics, dans le budget, presque au dernier rang, après l'administration, la justice, la police, la presse, l'instruction, le Trésor, les douanes, les postes et l'imprimerie, consacrent et ont, de tout temps, consacré plus d'argent aux travaux eux-mêmes qu'au personnel. La Côte d'Ivoire consacre 50 000 francs au personnel et 120 000 francs aux travaux; le Dahomey, 40 000 francs au personnel et 96 000 francs aux travaux; la Guinée, 33 000 francs au personnel et 365 000 francs aux travaux; le Sénégal, 100 000 francs au personnel et 547 000 francs aux travaux, dont 440 000 francs de grosses réparations et de travaux neufs. Ce sont là des faits budgétaires très intéressants et tout à l'honneur de ces colonies.

Mais bientôt elles firent davantage. Ces grosses recettes que nous avons dites, leur inspirèrent l'idée d'inaugurer une politique de grands travaux publics, qui leur permettraient enfin de pénétrer dans l'intérieur des terres, lequel jusqu'alors a à peu près échappé à leur action administrative et commerciale. Depuis longtemps, on se préoccupait bien d'explorer et d'organiser les territoires qui formaient le prolongement de la côte. Mais le moyen faisait défaut. On avait compté utiliser les fleuves et les rivières comme moyens de pénétration : rivières et fleuves trompèrent toutes les espérances.

On peut, sous ce rapport, dire sans exagération que la politique coloniale contemporaine de tous les pays a vu ce qu'on peut appeler la *faillite des fleuves*. L'Indo-Chine, par exemple, avait compté sur deux fleuves : le Mékong d'abord, puis le fleuve Rouge; l'Afrique occidentale avait compté d'abord sur le Sénégal, puis sur le Niger. Aucun d'eux n'a réalisé leurs espérances. Et cela n'est pas un phénomène propre à la France; presque tous les peuples coloniaux ont rencontré le même mécompte : les Anglais notamment, en Birmanie, avec l'Iraouaddy. Seul, le Congo a offert aux explorateurs et aux commerçants un ensemble de voies navigables pratiques : près de 20 000 kilomètres de fleuves et de rivières qui, une fois reliés à l'Océan, pardessus les chutes, par un chemin de fer de 400 kilomètres, ont constitué un instrument commercial et administratif de premier ordre.

Mais, sauf le Congo, toutes les autres rivières n'ont permis la navigation, les uns que par biefs, que séparaient des chutes et des rapides franchissables seulement pour des bateaux spéciaux ou pour quelqu'une de ces expéditions qui ne reculent ni devant les difficultés, ni devant les pertes de temps; les autres, que durant une très courte période de l'année, quand les pluies de l'intérieur ont amené dans le lit du fleuve suffisamment d'eau. Tous, petites rivières du littoral, grands fleuves comme le Sénégal ou le Niger, ils n'ont pu fournir au commerce et au gouvernement le moyen régulier de communications qu'on en avait attendu. C'est là un phénomène indiscutable, que nous retrouverons dans d'autres continents. Il justifie notre expression : la faillite des fleuves.

Les fleuves faisant défaut, les colonies de l'Afrique occidentale songèrent à construire des routes. Elles n'osèrent pas tout d'abord espérer avoir des chemins de fer : elles n'aspirèrent qu'aux pistes, aux chemins de caravanes et enfin aux routes carrossables, complétés par un réseau télégraphique. La Côte d'Ivoire a (1899) 701 kilomètres de routes (ou pistes) et 730 kilomètres de télégraphes; le Dahomey, peut-être un millier de kilomètres de routes ou plutôt de pistes et 1 400 kilomètres de télégraphes; la Guinée française, plusieurs centaines de kilomètres de routes, dont une, superbe, qui doit relier la côte au Niger, et 1 200 kilomètres de télégraphes. Pendant longtemps, ces colonies ont inscrit de gros crédits au budget des routes et des pistes, et elles en inscrivent encore de raisonnables; mais le chiffre tend à en baisser sous l'influence d'une autre idée : le chemin de fer.

Ces colonies, quand on les regarde sur la carte, sont toutes ou inscrites dans la boucle du Niger ou, à un titre quelconque, dépendantes du Niger, et toutes cherchent depuis longtemps à s'étendre jusqu'à ce fleuve. Le remaniement territorial qui a amené la suppression de la colonie du Soudan, a donné à la plupart d'entre elles cet arrière-pays qu'elles souhaitaient posséder, et aussitôt chacune d'elles, la Guinée en tête, s'est préoccupée de posséder l'instrument de pénétration indispensable : les chemins de fer.

Pour cela, elles ont cherché des ressources, Leurs magnifiques recettes leur ont donné une base suffisante pour négocier des emprunts.

Le Soudan, qui était une colonie distincte, avant qu'on l'eût démembré et réparti entre les quatre colonies de la côte, Sénégal, Guinée, Côte d'Ivoire et Dahomey, eut à construire le chemin de fer du Niger, qui partait de Kayes passant par Bafoulabé, Kita et Bammako, pour aboutir à Toulimandio. La colonie avait peu de ressources propres pour faire face à la dépense de construction. La loi de finances du 19 mars 1897 assura la marche régulière des travaux en constituant, pour le chemin de fer du Soudan, un budget annuel, lequel serait alimenté par le produit du trafic des parties déjà construites et par des subventions annuelles de 500 000 francs chacune, que l'État et la colonie du Soudan (depuis la dislocation du Soudan, le Sénégal) se sont engagés à verser pendant vingt-quatre années. Grâce à ces engagements, des emprunts purent être réalisés. Le

Soudan fut autorisé à emprunter, successivement, à la caisse des Dépôts et Consignations : décret du 22 avril 1898, 919 645 francs, au taux de 3,80 p. 100, remboursables en quatre annuités de 250 000 francs; décret du 7 juin 1899, 3 200 000 francs, remboursables en vingt-quatre annuités de 204 427 francs; décret du 5 mai 1900, 4 500 000 francs, en vingt-trois annuités de 295 191 francs. Avec ces sommes, on continua la ligne commencée il y a longtemps, mais interrompue pour des raisons que tout le monde connaît. La longueur totale de la ligne devait être de 540 kilomètres. La construction marcha lentement; il fallut huit années pour atteindre Bafoulabé (132 kilomètres). Aujourd'hui, la moitié de la ligne est construite; les 160 premiers kilomètres ont coûté 150 000 francs le kilomètre. On espère construire le reste beaucoup plus économiquement, à raison de 60 000 francs le kilomètre et avoir terminé en 1905. Le coût total serait donc de 46 800 000 francs.

Une combinaison récente (février 1902), avantageuse et économique, vient d'intervenir qui assure l'achèvement de la ligne dans les délais prévus. Le Trésor va fournir les sommes nécessaires, et il s'en remboursera sur les subventions annuelles de 1 417 000 francs que lui verseront pendant vingt-deux ans, l'État pour 500 000 francs et la colonie du Sénégal pour 917 000 francs.

La Guinée française est en train de construire la ligne de Konakry à Kouroussa par Timbo. La longueur en serait de 550 kilomètres. Le capitaine Salesses, auteur du projet et directeur des travaux, en estime le coût à 70 000 ou 80 000 francs le kilomètre. Le coût total serait donc de 38 à 44 millions de francs. Les deux premiers lots : Konakry-Frigniagbé, chacun de 60 kilomètres, ont été adjugés le 16 février 1900. Pour faire face aux dépenses, la colonie de la Guinée française a été autorisée à emprunter : par décret du 14 août 1899, à la caisse des Retraites, 8 millions de francs au taux de 4,10 p. 100, remboursables en quarante annuités inscrites au budget de la colonie; et, par décret du 22 mars 1901, 4 millions de francs, à la caisse des Dépôts et Consignations, au taux de 4 p. 100, remboursables en vingt-cinq annuités inscrites au budget, les deux annuités faisant ensemble 430 000 francs.

Le Dahomey construit une ligne qui ira de Kotonou à Tchaourou et serait ensuite poursuivie jusqu'au Niger. La longueur serait de 605 kilomètres, divisés en deux sections, l'une de Kotonou à Atchéribé, comprenant 186 kilomètres; l'autre de Atchéribé à Tchaourou, comprenant 419 kilomètres. Pour la première section, la dépense est évaluée à 9 117 000 francs, soit à 63 000 francs par kilomètre, ce qui représenterait 30 millions environ pour le coût total. Un arrêté ministériel du 20 mars 1900 a autorisé la colonie à exécuter les terrassements du premier tronçon, et un décret du 25 juin 1900 a accordé la construction de la ligne (superstructure) à un colon, M. Borelli, à charge par lui de constituer une société. Cette société, Société du chemin de fer du Dahomey, a été constituée, le 26 mars 1901, au capital de 8 millions de francs.

Enfin, la Côte d'Ivoire a fait étudier un chemin de fer qui, primitivement, devait partir de

Grand-Bassam, mais qui, depuis le déplacement de la capitale, partirait de Bingerville pour s'enfoncer dans le Baoulé. Elle aurait 500 kilomètres. Le chef de la mission, le commandant Houdaille, estime le coût kilométrique de 60 à 80 000 francs, suivant le mode de construction et les régions traversées; le coût total serait donc de 30 à 40 millions de francs. La construction devrait commencer en 1902. Le système adopté pour la construction serait à peu près celui du Dahomey.

Ces emprunts et ces chemins de fer vont être — à moins d'obstacles qu'il n'est peut-être pas interdit de redouter — l'instrument prochain de la pénétration administrative et commerciale.

2° L'Indo-Chine française.

Après l'Afrique, passons à l'Asie, je veux dire à l'Indo-Chine qui est le gros morceau, ou, pour parler plus exactement, l'ornement et la richesse de notre empire colonial. Ces dix dernières années ont vu de grands progrès de tout genre dans nos diverses colonies. Nulle part, ils n'apparaissent mieux qu'en Indo-Chine. On pourrait en donner bien des preuves; nous nous en tiendrons aux preuves matérielles.

Il est impossible de comparer, trait pour trait, l'Indo-Chine d'aujourd'hui à celle d'il y a dix ans. En 1902, l'Indo-Chine est un vaste gouvernement unifié, qui a un budget propre, et qui comprend cinq provinces : l'Annam, le Tonkin, le Laos, le Cambodge et la Cochinchine, lesquelles ont chacune leur budget distinct. En 1891, nous n'avions ni l'unité indochinoise, c'est-à-dire le budget unifié, ni le Laos; notre empire se composait de deux groupes distincts, comprenant chacun deux provinces soudées l'une à l'autre, le Cambodge à la Cochinchine, l'Annam au Tonkin. Malgré ces différences, il sera aisé de voir, il sera impossible de ne pas voir les énormes progrès réalisés en Indo-Chine de 1891 à 1901.

Aux difficultés de comparer que je viens de dire, il faut en joindre une autre : les variations du taux de la piastre. En 1891, le budget des recettes de la Cochinchine était de 7 031 922 piastres. A cette époque, la piastre valait 4 fr. 04; en francs, le budget s'élevait donc à plus de 28 millions de francs. C'est un chiffre important : nous ne le retrouverons pas dans le budget actuel de la Cochinchine, pour plusieurs raisons. L'une de ces raisons est qu'aujourd'hui la piastre ne vaut que 2 fr. 41. Mais, pour comparer utilement 1891 et 1901, il ne faut pas tenir un compte absolu de cette différence dans le taux de la piastre. Je ne prétends pas que cette différence n'ait exercé aucun effet sur le prix des choses et qu'avec la piastre à 2 fr. 40, de 1901, on puisse se procurer exactement tout ce qu'on se procurait avec la piastre à 4 fr. 04, de 1891. Mais l'unité monétaire de l'Indo-Chine a, malgré ses variations quand on la compare aux francs, gardé sur place une valeur et une puissance d'achat à peu près constantes. Et, en tout cas, le gouvernement de l'Indo-Chine ne s'est pas cru autorisé à exiger du même contribuable, pour la même matière imposable, plus de piastres en 1901 qu'il ne faisait en 1891. C'est donc en piastres, malgré le changement de valeur, et non en francs, qu'il faut faire nos comparaisons.

Donc, en 1891, le budget de la Cochinchine s'élevait en recettes à 7 031 922 piastres. Trois ans plus tard, en 1894, il était de 10 200 142 piastres; trois ans plus tard, en 1897, il était de 12 420 194 piastres. Voilà donc une province en progrès ininterrompus. L'Annam et le Tonkin suivaient une progression, moins rapide, il est vrai, mais toutefois encore bien satisfaisante. Leur budget était, en 1891, de 4 447 000 piastres; en 1894, de 5 980 000 piastres; en 1897, de 7 961 000 piastres. Au Cambodge, les recettes suivaient une marche inverse, mais cela tient à des raisons de politique intérieure. Le Protectorat y avait été, depuis longtemps, entièrement faussé; M. de Lanessan avait dû, en 1891, pour ramener le calme dans le pays, restituer au Roi certains droits profitables, qui avaient singulièrement diminué nos recettes. Ces recettes, de 3 200 000 piastres en 1891, étaient tombées à 1 413 000 piastres, en 1894, et remontées, en 1897, seulement à 2 025 000 piastres. Cela n'implique qu'un trouble dans notre politique au Cambodge, non une diminution dans les capacités financières du pays.

Ainsi dans l'ensemble, sur les quatre provinces : Cochinchine et Cambodge, Annam et Tonkin, nous pouvons constater, de 1891 à 1897, un grand développement de prospérité.

En 1897, M. Doumer, gouverneur général, bouleverse le système financier du pays. Il fait de l'unité indo-chinoise, qui jusqu'alors n'avait été réalisée que sur le terrain administratif, un instrument financier. L'Indo-Chine forme une personne morale, distincte des cinq provinces (le Laos est alors organisé) qui la composent; ce qui n'empêche pas chacune de ces provinces de garder son budget propre, en recettes et en dépenses. Reprenant une idée qui fut chère à M. Léon Say, M. Doumer abandonne les impôts directs aux budgets locaux et fait passer les impôts indirects au budget général. Le système est bon en soi. Le Gouverneur général l'applique hardiment; il est servi par de magnifiques récoltes, qui répandent la richesse dans le pays et rendent ses réformes les plus hardies non seulement faciles mais encore fructueuses. Naturellement, chacune des provinces va voir diminuer le chiffre de ses recettes propres, puisque leur budget, le budget d'avant l'unité, comprenait des impôts directs et indirects, et que, depuis l'unité, il ne comprend plus que les ressources provenant des impôts directs. Mais ce qui leur échappe passe à l'Indo-Chine, et on va voir, par les totaux, ce qu'est l'ensemble.

En 1901, le budget de la Cochinchine s'élève à 4 204 000 piastres. Il est alimenté par l'impôt sur les rizières : 1 350 000 piastres; sur les cultures variées : 272 000; sur les indigènes, 595 000 piastres; sur les barques, 107 000; sur les patentes, 245 000 piastres; sur les Chinois, 1 070 000; sur les pêcheries, 71 000; sur les passeports, 92 000 piastres.

Le Cambodge a, en 1901, un budget de 1 951 187 piastres. Il est alimenté de même par les impôts directs : impôt personnel sur les Cambodgiens et les Malais, 400 000 piastres; sur les Annamites, 47 000; sur les Chinois, 270 000; impôt sur les riz (paddys), 355 000; sur les poivres, 70 000; impôt des patentes, 100 000; impôt sur les pêcheries, 270 000; amendes et frais de justice, 85 000. Tout cela encore n'est qu'impôts directs.

L'Annam a, en 1901, un budget de 2 081 416 piastres : 1 173 000, provenant de l'impôt foncier indigène; 764 000, provenant de l'impôt personnel indigène. Toujours l'impôt direct.

Le Tonkin a, la même année, un budget de 4 197 950 piastres : le seul impôt foncier indigène, impôt direct, fournit 3 762 000 piastres.

Enfin le Laos a un budget de 758 000 piastres; mais le Laos, colonie jeune, ne peut pas payer toutes ses dépenses. Les impôts directs ne lui fournissent que 233 600 piastres; le reste, 525 000 piastres, lui vient d'une contribution du gouvernement de l'Indo-Chine. On aperçoit ici une des utilités de cette création de l'unité indo-chinoise.

Jusqu'ici, nous n'avons pas encore abordé le budget de l'Indo-Chine, nous allons voir à quels chiffres il s'élève. Mais comparons encore nos budgets provinciaux pour les deux années 1891 et 1901. Le budget total, pour 1891, des quatre provinces Annam, Tonkin, Cochinchine et Laos, était de 14 677 000 piastres; il est, en 1901, de 12 433 000; si l'on y ajoute les recettes du Laos, organisé depuis 1891, le total doit être majoré de 233 000 piastres, et atteint 12 666 000 piastres. Ainsi, bien qu'on ait tari pour eux la source, de beaucoup la plus abondante, de l'impôt indirect, ces budgets locaux n'ont subi une diminution que de 2 millions de piastres. C'est que la richesse, de 1891 à 1901, s'est singulièrement accrue.

Mais tout ceci ne nous donnerait qu'une faible idée du développement réel de l'Indo-Chine; pour en avoir une plus juste, passons au budget général. Ce budget n'existait pas en 1891; c'est une création récente. Il est alimenté par les impôts indirects : douanes, contributions indirectes et régies. En 1900, il était de 20 millions 803 000 piastres ; en 1901, il est de 23 millions de piastres, exactement 22 998 000 piastres. Les douanes fournissent 5 940 000 piastres; les contributions et régies, 15 060 000 piastres.

L'Indo-Chine, dans son ensemble, si l'on additionne le budget général et les budgets locaux, a des recettes qui s'élèvent à 36 191 487 piastres. C'est, en l'espace de dix années, un accroissement de recettes de 21 millions et demi de piastres. Succès magnifique, et dont pourrait être fière n'importe quelle administration.

Naturellement, cela suppose un grand développement commercial. En 1891, le commerce total des quatre provinces qui formaient alors l'Indo-Chine, s'élevait à 163 millions de francs, y compris le cabotage pour 21 millions et le transit pour 5 millions. En 1900, le chiffre global du commerce s'élève à 474 millions de francs, à savoir : importation 186 millions; exportation 155 millions; cabotage 109 millions; le transit 21 millions et le commerce par la frontière du Siam, un peu plus de 2 millions.

Enfin, en 1901, ce même chiffre global s'élève à 534 millions. L'augmentation en dix années est donc de 371 millions de francs. Elle concurrence et elle explique l'accroissement des recettes.

Voilà, soit pour les recettes, soit pour le commerce, des chiffres bien satisfaisants. Mais leur importance même ne nous rend pas compte de tout le progrès accompli en Indo-Chine; il faut que nous revenions sur certains de ces chiffres et sur leur signification, et aussi sur l'emploi qui en est fait et sur la politique que cet emploi accuse. Après les budgets des recettes, les budgets des dépenses.

Il y a telles de ces dépenses qui ne peuvent guère être approuvées : par exemple, dans le budget de la Cochinchine, une subvention annuelle de 83 333 piastres pour le théâtre de Saïgon (après qu'on a déjà dépensé une somme énorme, plus d'un million, pour la construction du théâtre lui-même). Cela est inexcusable, quand on songe que ce même Saïgon manque encore de l'outillage indispensable aux grands ports, et que, dans ses plans de travaux publics, le Gouverneur général actuel est obligé de consacrer des sommes importantes à en doter la capitale d'une colonie qui, pendant plusieurs années (je parle ici de la période qui précéda la conquête du Tonkin), eut des recettes magnifiques de 30 millions de francs.

D'autres articles des budgets de dépenses peuvent aussi prêter à la critique. Si l'on additionne dans les budgets locaux, les sommes consacrées au personnel soit européen, soit indigène, on trouve un total qui est peut-être exagéré. C'est notamment : 945 000 piastres en Cochinchine, 256 000 au Cambodge, 210 000 en Annam, 750 000 au Tonkin, soit, au total, 2 130 000 piastres, plus de 5 millions de francs consacrés au personnel, européen et indigène, de l'administration proprement dite, sans parler de l'instruction publique, des travaux publics, du cadastre, etc.

Cela paraît excessif. Et toutefois, on n'ose pas être sur ce point très affirmatif. Des colonies naissantes ont besoin d'un gros personnel, qui semble hors de proportion avec les ressources du pays. Trop de personnel est du gaspillage, pas assez de personnel peut être de la ladrerie, et de la plus stupide, puisqu'elle retarde la connaissance et l'exploitation des ressources économiques et financières du pays. Il est toutefois permis de croire que l'on pourrait en Indo-Chine non pas peut-être diminuer le chiffre des dépenses du personnel, mais en faire un meilleur emploi : d'une part, il faudrait payer mieux certains fonctionnaires et s'assurer par là le concours d'hommes de talent et d'avenir, que les colonies devraient avoir et ne peuvent pas espérer avoir sans de gros sacrifices; d'autre part, on pourrait remplacer bon nombre d'agents européens mal payés par des indigènes (administration proprement dite, partie exécutive), comme on le fait à Java et aux Indes, pour certains services : douane, police, gendarmerie, etc., dans lesquels les postes inférieurs sont confiés à des indigènes à basse solde, solidement encadrés par des Européens, dont la solde peut être relevée d'autant.

Jusque dans le budget général de l'Indo-Chine, il y aurait plus d'un article à critiquer. Les douanes, contributions et régies rapportent gros, mais coûtent fort cher. L'administration de la justice est encore fort médiocre, et l'on voit à son budget un article de 55 400 piastres consacrées aux interprètes du service de justice, qui en dit long et sonne mal. Et l'on en pourrait citer d'autres. Mais, comme dit le proverbe, Paris n'a pas été bâti en un jour. C'est déjà beau d'avoir mis sur ses pieds cette formidable machine financière ; on verra plus tard à en simplifier ou à en perfectionner les rouages. Et, à vrai dire, il ne s'agit pas tant de réduire les dépenses, que d'assurer le meilleur emploi possible des sommes demandées à l'impôt.

A cet égard, il est permis de dire que le budget général de l'Indo-Chine est pour nous une source de bien grandes satisfactions. Voici, par exemple, le chapitre des Travaux publics (abstraction faite du grand budget spécial des chemins de fer et autres travaux d'*outillage*, qu'alimente l'emprunt), doté de 3 866 000 piastres, en augmentation de 480 000 piastres sur l'année 1900, à savoir : 764 000 piastres pour les ponts, 1 115 000 pour les canaux, 310 000 pour les ports, 234 000 pour les phares, balises, etc. Voici une somme de 630 000 piastres environ, consacrée à des subventions en faveur des communications maritimes : services de Saïgon à Haïphong, de Saïgon à Singapore, de Saïgon à Bangkok, service sur Quang-Tchéou, sans parler de 250 000 piastres payées aux *Messageries fluviales* sur le budget de la Cochinchine et 125 000 sur le budget du Laos. Voici 144 000 piastres affectées au service forestier, service que M. Doumer vient de créer pour protéger notre domaine forestier contre les gaspillages possibles et même certains des indigènes et des colons. Voici encore 79 000 piastres au service géographique de l'Indo-Chine, 15 700 piastres à l'Institut Pasteur de Nhatrang, 9 200 à l'École de médecine, 15 000 à l'École française d'Extrême-Orient, 25 000 à l'Observatoire météorologique, toutes créations dont la science doit être reconnaissante au Gouvernement actuel. Enfin, voici 94 000 piastres pour des tirailleurs chinois, 219 000 piastres pour les résidences et établissements français, pour nos écoles et nos postes médicaux en Chine et au Siam, sans parler de 82 000 piastres affectées à notre concession de Quang-Tchéou. Tout cela est d'une politique, intérieure et extérieure, excellente, et qui mérite notre appui sincère et entier.

Dans ce même budget, il faut encore noter un chapitre fort intéressant, celui des annuités, 3 482 000 piastres, consacrées au service d'intérêts et d'amortissement des emprunts de l'Indo-Chine, à savoir : 750 000 piastres pour l'emprunt de 80 millions, et 2 600 000 pour une somme de 150 millions à valoir sur l'emprunt de 200 millions voté en principe par les Chambres. On aura une idée de la prudence de ce budget, si l'on songe que cette annuité de 2 600 000 piastres suffit au service de 150 millions de francs, et que cependant jusqu'ici on n'a encore emprunté (je ne dis pas dépensé) que 50 millions à valoir sur le chiffre de 200 millions autorisé par le Parlement. Enfin, il est bon d'ajouter qu'après divers exercices qui se sont soldés en excédent, l'Indo-Chine a, dans sa caisse de réserve, une somme de plus de 25 millions de francs.

Cette prospérité indiscutable a plusieurs causes : les excellentes récoltes des dernières années et le développement des superficies cultivées, mais aussi le développement du commerce.

3° Le commerce et le régime commercial des colonies françaises.

Presque toutes les colonies débutent par le commerce : la colonisation ne vient que plus tard. Les nôtres n'ont pas échappé à la règle.

On les a conquises à cause des débouchés qu'elles offraient, quelques-unes même à cause de la route qu'elles fournissaient pour aller trouver, par delà, une riche clientèle : par exemple, le Tonkin, dans l'opinion de Jules Ferry. Et il est permis de dire que toutes les fois qu'on a voulu, dans cette période première, juger de la prospérité d'une colonie, on a, partisans et adversaires de la colonisation, mis en avant les statistiques du commerce. La colonisation proprement dite ne passait qu'après.

Cette manière d'envisager les colonies, cette théorie, à peu près exclusive, des *débouchés* donne entière satisfaction à une partie importante de la population métropolitaine : les industriels. Les colonies ont été conquises pour leur assurer des débouchés; et, pour que ces débouchés ne leur échappent pas, on s'efforce, autant que le peut la diplomatie, de les protéger, dans les colonies, contre leurs rivaux étrangers. La protection est plus ou moins forte : modérée dans ses chiffres en Tunisie, tempérée en Indo-Chine par diverses mesures, très marquée à Madagascar, elle a donné des résultats dont nos industriels ont lieu de se louer. A Madagascar, des 51 millions qui forment le commerce total en 1900, 42 sont des affaires avec la métropole. En Indo-Chine, la proportion est moindre : pendant l'année 1900, sur un total d'importations et d'exportations de 341 millions, la France et ses colonies ne prennent que 74 millions à l'importation et 35 à l'exportation, contre 112 et 120 que prend l'étranger; mais cet étranger, pour une très grande part, est la Chine, qui consomme et produit des marchandises d'une nature toute spéciale, et contre laquelle nous ne pouvons prétendre lutter dans un pays de civilisation chinoise. Enfin, en Tunisie, sur un commerce de 105 millions en 1900, la part de la France et de ses colonies est de 36 millions à l'importation sur 56, de 31 millions sur 49 à l'exportation; soit respectivement 65 et 62 p. 100 au total. L'industrie métropolitaine peut être satisfaite.

Mais il y a deux classes de personnes qui ont le droit de l'être moins qu'elle. Ce sont les colons, à qui ce tarif, malgré certaines atténuations, fait payer trop cher ce qui est nécessaire à leur vie ou à leurs affaires; ce sont ensuite les indigènes qui partout ont vu, depuis l'occupation française, s'élever le prix de ce qu'ils consomment. La métropole, qui s'intéresse aux industriels, ne peut cependant se désintéresser ni des colons, qu'elle-même a conviés à la politique coloniale, ni des indigènes à qui elle a, lors de l'occupation, promis des destinées meilleures. Entre eux et les industriels, il y a un conflit d'intérêts, dont il est impossible qu'elle ne tienne pas compte. On a bien pu tout concéder aux industriels, d'abord parce que la protection était déjà triomphante dans la métropole; ensuite, parce que les amis de la politique coloniale voulaient gagner par là l'appui d'une classe si influente. Mais toute concession est revisable, et il faudrait reviser celle-là, s'il était prouvé qu'elle est préjudiciable à la nation dans son ensemble. Or, il ne fait aucun doute pour quiconque a étudié l'histoire des colonies des diverses nations que les colonies ont besoin de beaucoup de liberté et de produits à bon marché : c'est la condition pour elles des grands succès et, j'ajoute, des grandes affaires avec la métropole. Quelque jour, la nation s'en rendra compte et modifiera les accords existants. Mais le régime commercial des nations et des colonies n'est pas chose qu'on puisse changer à tout moment : il y faut du temps et des ménagements. Peut-être même peut-on dire que le meilleur régime commercial ne vaut rien, s'il survient à contretemps. Il y a trop peu de temps encore que la France s'est embarquée dans le régime protectionniste pour qu'il semble possible de le supprimer; on peut seulement espérer de l'améliorer aux colonies en l'atténuant peu à peu.

Au surplus, on ne peut nier que, même sous ce régime, les affaires se sont largement accrues. En 1890, si l'on peut s'en rapporter aux statistiques coloniales, qui d'ailleurs n'étaient pas alors et ne sont pas encore aujourd'hui dignes de toute confiance, le commerce total de nos colonies, sauf la Tunisie et l'Algérie, était de 211 millions à l'importation et de 207 à l'exportation, soit, au total, de 417 millions; en 1899, il a été de 345 millions à l'importation et de 310 à l'exportation, au total de 655 millions. Et si les statistiques du commerce colonial étaient faites sur le plan et avec l'exactitude de celles du commerce métropolitain, on verrait que les affaires ont atteint, pour 1899, plus de 700 millions, pour 1900, plus de 850 millions et, pour 1901, plus de 900 millions de francs. Cela ressort de l'accroissement constaté, cette même année, dans certaines colonies. L'Indo-Chine, par exemple, au lieu de 243 millions en 1899, a atteint, en 1900, le chiffre de 341 millions (importation et exportation), soit 99 millions d'augmentation; Madagascar, 51 au lieu de 35, soit 16 millions, etc. Ces chiffres de 850 millions pour 1900, et de 900 millions, pour 1901, sont même plutôt au-dessous qu'au-dessus de la vérité. Avec la Tunisie, on dépasse le milliard; on arrive à 1 750 millions avec l'Algérie, dont le commerce, déjà considérable, prend en ce moment et surtout va prendre, par l'exploitation des richesses minières et par l'industrie, un essor imprévu. Un milliard 750 millions, dans un pays dont le commerce extérieur, depuis dix ans, reste immobile, ce n'est pas chose négligeable : la politique coloniale, comme disent les Anglais, paye et va payer davantage encore.

Pour l'Indo-Chine, notons un trait bien significatif : le développement considérable de son exportation. La plupart de nos colonies sont entravées par le manque d'exportation. Elles achètent beaucoup à l'Europe et n'ont rien à lui vendre. Conséquence : elles ont un déplorable régime monétaire (je ne sais pas si celui de l'Indo-Chine est excellent); la monnaie métallique retourne en Europe et disparaît sans cesse, et la colonie est toujours débitrice. L'Indo-Chine, au contraire, a une magnifique exportation. Son principal article est le riz; elle en a exporté, en 1899, pour 98 millions, en 1900 pour 111 millions. Et le riz n'est pas, comme le blé, menacé de surproduction et d'avilissement des cours. Il s'en produit toujours moins qu'il ne peut s'en consommer. Les peuples qui mangent du riz n'en mangent pas encore à leur suffisance. L'Indo-Chine peut donc — et elle n'y manquera pas — étendre encore largement ses rizières; elle trouvera un débouché grandissant en Chine, à Java, aux Straits-Settlements, etc. Grâce à ce produit, le riz, dont la consommation est illimitée, et à quelques autres, l'Indo-Chine a une exportation de 155 millions, en 1900, en face d'une importation de 186 millions ; c'est dire, pour ceux qui savent comment s'établissent, dans l'administration des douanes, les chiffres des importations et des exportations, que l'Indo-Chine paie largement ses importations avec ses exportations. Symptôme excellent.

Il y aurait encore à parler de cet autre chiffre si intéressant, 21 millions de transit : mais il nous suffit d'avoir appelé sur ce point l'attention de nos lecteurs.

Les colonies, qui ont ce commerce florissant, qui font cette bonne politique financière, qui construisent tous ces chemins de fer, ne s'en tiennent pas là : elles aménagent et outillent des ports, elles creusent des routes, elles concèdent des tramways. Dès lors, ainsi outillées, elles sont prêtes pour l'œuvre de colonisation. Voyons jusqu'à quel point la métropole y est prête de son côté.

CHAPITRE VI

La colonisation. — Les colons.

Avant de parler de l'œuvre de colonisation accomplie en ces dix dernières années, il nous faut revenir sur une idée que nous avons exprimée déjà : la France, qui prétend faire de la colonisation, n'a pas de territoires à coloniser. Ce qu'elle appelle colonies sont des possessions.

Une colonie est un territoire qui, entièrement vide d'habitants, a été occupé ou conquis par des familles venues de la métropole; ces familles s'y installent à perpétuelle demeure, s'y taillent, sous de certaines conditions, chacune un domaine qu'elles cultivent, puis créent des industries, établissent des maisons de commerce et développent une société qui serait à l'image de l'ancienne, si le climat de la patrie nouvelle et l'âme même de ceux qui la fondent ne lui imprimaient un caractère propre. Aux traits qui marquent une colonie, il est facile de voir que (sauf peut-être en Afrique du nord) nous n'en avons pas une seule : ni l'Indo-Chine, ni Madagascar, ni l'Afrique occidentale, ne sont des colonies. Ce sont des possessions. Des possessions sont des pays conquis, peuplés d'indigènes, dont le nombre, si nous les gouvernons bien, s'accroîtra sans cesse, et qui occupent, soit comme pasteurs, soit comme agriculteurs, la totalité ou la plus grande partie du territoire, ne laissant pour ceux qui viennent de la métropole que des espaces médiocres, ici, les terres les moins fertiles, là, les districts les plus lointains.

Des possessions de ce genre ne comportent pas d'être colonisées. Les Anglais, par exemple, ne colonisent pas les Indes ; ils y vendent et ils y achètent, ils y créent des industries, ils les gouvernent, ils en tirent des revenus pour le

Trésor, des traitements pour leurs fonctionnaires, des soldats pour leur politique extérieure. Nos Indes, à nous, qui sont l'Indo-Chine, l'Afrique, etc., nous prétendons les coloniser. Et cela évidemment double la difficulté de nos entreprises, car le même gouverneur doit concilier des intérêts, qui, surtout au début, sont presque inconciliables : ceux des indigènes et ceux des colons.

Que cette difficulté ne nous ait point rebutés, cela peut donner lieu à deux remarques bien dignes de notre attention.

On s'étonne parfois que nos colonies ne soient pas encore aussi prospères qu'on le pourrait souhaiter. A ceux qui s'en étonneraient, il faut répondre que cela tient à ce qu'ayant rencontré dans notre œuvre coloniale plus d'obstacles que beaucoup d'autres, nous n'en avons esquivé aucun. La France, qui ne s'intéresse à la politique coloniale que depuis quinze ou dix-huit ans, et qui, après avoir suspendu et désappris cette politique durant cent années, n'avait plus aucune expérience des choses coloniales, non seulement n'a pu, dans la période actuelle, composer son empire que de possessions qui ne se prêtent guère à la colonisation, mais encore elle a prétendu les coloniser, c'est-à-dire à la fois gouverner des indigènes et faire prospérer des colons.

Voilà la première remarque et voici la seconde. Nous avons prétendu et nous prétendons coloniser des possessions, c'est-à-dire ce qu'il y a de plus difficilement colonisable. Comment expliquer cette prétention chez un peuple à qui l'on refuse les aptitudes colonisatrices? Par l'ignorance du problème? Cela n'est pas impossible. Mais, en fait, plutôt par habitude, par l'instinct et le désir de continuer à faire ce que nous avions déjà fait, et aussi par une sorte de pression de l'opinion publique qui, ne distinguant pas entre colonies et possessions, n'a pas admis qu'on eût des colonies sans les coloniser. Cette pression de l'opinion publique impliquerait qu'il y a en France des gens qui demandent à en sortir et à se faire colons. Et, effectivement, il y en a.

Je ne dis pas qu'il y en ait eu toujours. Bismarck prétendait qu'il y a trois sortes de nations colonisatrices : les Anglais qui ont des colonies et des colons; les Allemands qui ont des colons sans colonies, et les Français, des colonies sans colons. Ce n'était qu'une boutade : les Allemands, depuis lors, ont conquis des colonies, qui n'ont pas vu l'affluence de colons que Bismarck leur promettait, et les Français ont su trouver des colons pour leurs colonies. Car ce qui suscite les colons, ce n'est pas tant la race que la réunion des trois facteurs que voici : la nature des colonies, le régime de ces colonies et surtout la condition de la métropole. Quand jadis les Français ont eu le Canada, ils ont su le coloniser. Depuis qu'ils ont, dans leurs possessions actuelles, rencontré certaines circonstances de nature à les y attirer, ils ont commencé à y prendre quelque intérêt; et maintenant que la condition économique et sociale de la métropole est en train de changer, les voici qui déjà se rendent dans ces possessions; bientôt, peut-être, ils s'y porteront en foule.

Et les raisons que nous avons de le croire sont nombreuses.

Ce qui, à l'époque, par exemple, où nous

avons conquis l'Algérie, a empêché les colons d'y affluer, comme on aurait pu l'espérer avec une terre si proche, ce n'est pas seulement que le régime colonial de l'époque était pitoyable et la réclame en faveur de l'Algérie nulle; c'est que la France était alors un pays d'où l'on eût été fou d'émigrer. Climat délicieux, société agréable, grandes facilités pour gagner sa vie, goûts modestes et esprit d'économie dans presque toutes les classes, division de la fortune à ce point que chacun avait un petit patrimoine, taux élevé de l'argent qui faisait de l'intérêt des plus petits capitaux une somme appréciable; enfin, absence d'industrie, laquelle seule crée des prolétaires : qui eût consenti à quitter une patrie où étaient réunis tant d'agréments et tant de raisons de vivre?

Mais aujourd'hui bien des choses sont changées. Sans doute, le climat est resté le même, bien que notre pays ait été éprouvé par de terribles fléaux, comme le phylloxera; et la douceur d'y vivre, malgré les bouleversements de la société, si elle n'est plus celle du temps que

Talleyrand vantait, vaut bien encore celle d'après 1830. Mais le taux de l'argent est tombé à rien, et les gens, loin de pouvoir se suffire avec leurs revenus, sont tentés d'entamer leur capital; les oisifs, encore trop nombreux, ne sont plus ni si nombreux ni si considérés qu'ils l'étaient jadis; beaucoup ont dû se rallier à la vie de travail et ont contribué à encombrer les carrières; les besoins se sont énormément accrus et la simplicité de vie de jadis a disparu, en même temps que le prix de toutes choses augmentait; enfin des classes entières ont été dépossédées de privilèges et de situations qui semblaient leur appartenir à jamais : la bourgeoisie, quand elle n'a pas su se mêler à l'aristocratie ou gagner une grosse fortune, a envahi les carrières libérales, qui tendent à devenir des métiers, et des métiers de meurt-de-faim; et sottement le travail manuel ne jouit encore parmi nous d'aucune considération. Pour ces raisons et pour beaucoup d'autres encore, la France ne retient plus ses enfants aussi étroitement que jadis, et dans toutes les classes de la société on rencontre des candidats à l'émigration. La France, cette fois, a donc colonies et colons.

De ces candidats-colons, la qualité au début fut médiocre. C'étaient, il y a une douzaine d'années, trop souvent des déclassés, des ratés, des gens tarés, ou des chercheurs d'aventures, ou encore de grands enfants qui s'étaient repus des romans de Gustave Aymard et croyaient que la vie du colon est celle du trappeur : à cheval, le fusil en bandoulière, dans l'immensité des prairies. Nous avons été, depuis dix ou douze ans, quelques-uns à Paris ou en province, à l'*Union coloniale*, au *Comité Dupleix*, à la *Société de géographie commerciale*, au *Comité de l'Afrique française* et dans les grandes maisons et Sociétés de commerce colonial, à la Compagnie française de l'Afrique occidentale, chez MM. Maurel et Prom, Ulysse Pila, Mante, Ballande, Buhan, etc., qui avons vu défiler pas mal de gens en quête d'une position aux colonies, et tous nous en avons alors dégagé un type, d'abord assez séduisant et bientôt haïssable : l'*homme d'attaque*.

L'homme d'attaque — le terme n'a aucun

sens en soi, mais il s'emploie et il est compris — est un homme qui n'a réussi dans rien. Collégien, il a poussé jusqu'en rhétorique, mais ne s'est pas présenté au baccalauréat; étudiant en droit, il n'a pu parvenir à la licence; médecin, il n'est pas docteur; soldat, il a dû se contenter d'être sergent et n'a pu franchir les portes ni de Saint-Cyr, ni de Saumur, ni de Saint-Maixent; ouvrier, il a bientôt déserté l'atelier, ou, commis, le comptoir; c'est un raté et c'est un paresseux. Mais il n'en croit rien. Si vous avez besoin d'un homme aventureux, d'un homme qui n'a pas peur, d'un homme, enfin, qui résiste à tout (ces phrases vagues sont tout son bagage), adressez-vous à lui. Pour faire quoi? Il ne sait pas; ce que vous voudrez. L'agriculture, le commerce? cela lui est indifférent; il s'entend à tout, et ne s'intéresse à rien.

De ceux-là, il a fallu en écarter des centaines et les repousser et les décourager. Ils se sont vengés en disant du mal des colonies. Mais bientôt d'autres candidats ont surgi, d'année en année plus recommandables. Et dix ans après que nous désespérions de fournir aux colonies des hommes compétents, nous avons pu voir, par le service spécial que l'*Union coloniale* a institué pour le *Recrutement du personnel des entreprises coloniales*, que les hommes existent et qu'il faut seulement savoir les trouver.

La plupart des candidats-colons sont actuellement de deux sortes : agriculteurs ou employés de commerce. Outre ceux-là, il y a ceux qui songent à créer des industries ou à fonder des maisons nouvelles : ceux-ci sont jusqu'ici peu nombreux, et, à vrai dire, ce ne sont pas des émigrants, ce ne sont pas des colons : ce sont des capitalistes en quête d'emploi pour leurs capitaux.

Quand on a l'occasion de s'entretenir avec les candidats-colons d'aujourd'hui, on est frappé de leur différence avec ceux d'il y a dix ans. Non seulement ils ne croient pas tout savoir, mais ils admettent qu'ils ont beaucoup à apprendre. Et, remarque bien à l'honneur de notre pays, décidés à apprendre, ils ont dix endroits où apprendre : l'agriculture, dans les écoles agricoles de Tunis, de Nouvelle-Calédonie, dans celles que va ouvrir l'Indo-Chine, enfin chez des colons qui prennent des élèves-stagiaires, comme (je cite deux noms entre vingt), M. Crété, en Tunisie, M. Lecacheux, au Tonkin. Avant même de partir pour les colonies, ils ont nos écoles d'agriculture, et Grignon et l'Institut agronomique, où il faudra bien qu'on crée, un jour, une section coloniale, et les jardins d'essais, et les Instituts de Marseille, de Bordeaux, de Nancy, etc. S'il s'agit du commerce, ils ont les écoles de commerce et, une fois sortis de ces écoles, ces cours, comme il y en a tant à Paris et en province, où l'on enseigne la comptabilité commerciale et agricole, l'anglais et l'espagnol; et enfin, pour l'éducation pratique, les maisons de droguerie ou de tissus.

Après une pareille préparation, nos futurs colons peuvent, tout aussi bien que leurs rivaux étrangers, affronter les colonies. Mais dans nos colonies, rien à faire sans capitaux. Quelle est l'attitude des capitaux? C'est ce que nous avons à chercher.

CHAPITRE VII

Les capitaux.

Dans le genre de colonisation que permet aux Français la constitution de leur empire actuel, composé de possessions et non de colonies, les capitaux ont un rôle bien plus important que dans l'empire de jadis, tel que l'avait constitué l'Ancien Régime, presque tout entier, de colonies. Un paysan breton, au XVIIe siècle, partait pour le Canada avec sa famille, emportant ses outils, sa charrue, des semences et de quoi subsister jusqu'à la moisson prochaine; il trouvait, en arrivant, de la terre fertile, la défrichait et l'ensemençait; chaque récolte lui permettait d'étendre davantage son champ; ses fils grandissants joignaient leur travail au sien, leur production bientôt dépassait leurs besoins : ils atteignaient à l'aisance, et même, plus tard, à cette richesse agricole, qui est rarement l'opulence, mais qui permet la vie large, dans une sécurité et une paix que ne connaît nulle autre carrière.

Si un paysan de nos jours partait dans les mêmes conditions pour l'Indo-Chine ou pour Madagascar ou pour l'Afrique occidentale sa situation serait tout autre. La terre lui serait mesurée, et le travail lui serait, à cause du climat, pénible d'abord, et, plus tard, probablement impossible. Si, par extraordinaire, sa constitution lui permettait de travailler et qu'il songeât à louer ses bras à quelque propriétaire voisin, il rencontrerait la concurrence des indigènes, qui se contentent du tiers ou du quart de ce qu'il considère comme le salaire minimum. Il pourrait végéter, vivre à la rigueur; à moins d'un miracle, il ne pourrait jamais s'enrichir.

Dégoûté de l'agriculture, il se tournerait vers le commerce : le succès lui serait tout autant disputé. Faute de capitaux, il serait réduit à se faire porte-balle, colporteur, tout petit boutiquier, et il se heurterait partout à des rivaux : Chinois, Annamites, Hovas, Kabyles, Syriens de la côte d'Afrique, ayant infiniment moins de besoins que lui et infiniment plus que lui le flair commercial et la connaissance du pays. A moins d'un miracle, il serait ruiné.

Le colon contemporain a besoin de capitaux, quoi qu'il veuille entreprendre, agriculture, industrie ou commerce. Son rôle n'est pas tant de travailler de ses mains — la nature le lui défend, comme son intérêt — que de diriger le travail des indigènes et de conclure avec eux une association, avantageuse aux deux parties, l'une fournissant son travail, l'autre apportant ses talents et aussi un capital dont la colonie et ses habitants sentent le besoin et savent la valeur.

Ceci connu, on peut énoncer cet axiome : sauf exceptions infiniment rares dans notre empire actuel, pas de colonisation sans capitaux, petits ou grands.

Et pour le dire en passant, c'est là un phénomène social bien intéressant. A l'ordinaire, ceux qui seront disposés à aller aux colonies ne seront pas des capitalistes; quelques colons sans doute, surtout dans la première période, travailleront avec leurs propres capitaux; la plupart, dans les périodes suivantes, travailleront avec des capitaux empruntés. Il y a là un fait dont une société démocratique doit apprécier la portée.

Mais les capitaux sont-ils disposés à s'employer aux colonies? Pour répondre avec exactitude à cette question, il faudrait entrer dans plus de détails que ne le comporte une étude comme celle-ci. Il faudrait montrer l'action des capitaux honnêtes et l'action des capitaux intrigants, et le rôle du colon et le rôle du lanceur d'affaires, et faire aussi la psychologie du « contractant », du « fournisseur », qui travaille surtout avec le gouvernement et ne gagne d'argent qu'avec lui.

Sans entrer dans ces détails, on peut, je crois, enfermer avec vérité toute la situation actuelle dans une double affirmation : les capitaux honnêtes hésitent à s'employer aux colonies dans les affaires qui dépendent du gouvernement, crainte de trop d'ennuis, et, dans les affaires particulières, crainte de trop de risques.

C'est là l'attitude présente des capitaux; ce n'a pas été leur attitude de toujours.

Parlons d'abord des affaires qui se font avec le gouvernement.

Ces affaires se rencontrent dans une période donnée de la colonisation, quand, la conquête finie et la pacification progressant, les commerçants de la première heure songent à développer leur affaires et réclament un outillage indispensable : appontements, quais, wharfs, docks, etc. Et cela dans toutes les colonies, anglaises comme françaises. Au moment où ces demandes se produisent, la colonie, suivant les circonstances, tantôt exécute elle-même les travaux, tantôt s'entend avec des entrepreneurs particuliers, qu'elle charge de les exécuter, en échange de privilèges qu'elle leur concède ou d'annuités qu'elle leur paye. Or, il n'est pas excessif de dire que, dans ce dernier cas, les relations de l'administration et des particuliers ont presque toujours amené le résultat suivant : neuf fois sur dix, ou bien c'est l'administration qui critique l'exécution des travaux ou incrimine les bénéfices prétendus exagérés de l'entrepreneur; ou bien c'est cet entrepreneur qui se plaint d'avoir été ruiné par l'administration. Conséquence : les administrations ne veulent plus recourir à l'entreprise particulière et (pour d'autres raisons encore que celle que je viens de dire) prétendent désormais construire par elles-mêmes, témoins les chemins de fer qui se font présentement, à Madagascar, sur la côte d'Afrique, en Indo-Chine[1]; et les particuliers, surtout les plus honorables et les plus authentiquement riches, se promet-

1. Toutes ces colonies ont désiré — réservée la question d'exploitation — construire ces chemins de fer elles-mêmes. Le Dahomey, par exception, se charge de l'infrastructure, la superstructure et l'exploitation étant concédées à une compagnie. Seule, la Tunisie et l'Indo-Chine, pour la ligne qui va de sa frontière nord à la capitale du Yunnan, ont recouru à l'assistance de l'initiative privée. La Tunisie, pour la ligne de Sfax à Gafsa, a imaginé une très ingénieuse combinaison. Gafsa est le centre de riches dépôts de phosphates de chaux. Une compagnie en demanda la concession. On la lui accorda moyennant qu'elle extrairait chaque année un nombre donné de tonnes, payerait une rémunération de 1 franc par tonne, et, en outre, condition qui nous intéresse, construirait la voie ferrée de Gafsa à Sfax, son port d'exportation. C'est là un type de contrat fort intéressant, qui concilie l'intérêt des capitaux et celui de la colonie et doit être recommandé à nos gouvernants.

tent de n'avoir plus de relations avec l'administration.

Il y a exagération de part et d'autre. Toutefois, il est indéniable que bien peu de nos administrateurs des colonies envisagent les affaires avec un esprit juste et d'un point de vue élevé. Ils commettent en général, une double erreur. Négligeant les exigences de la comptabilité, ils s'abstiennent ordinairement de faire entrer dans leurs prix de revient une foule d'éléments qui grèvent l'industrie privée; nourris dans une détestable discipline économique, ils ne considèrent comme bonnes que les affaires qui profitent directement à l'État. Tandis que des hommes comme M. Paul Bert, dont presque toute l'administration coloniale est à louer, estimaient que le vrai rôle d'un gouverneur est d'enrichir les colons et que la meilleure réclame en faveur des colonies serait de renvoyer en France des colons millionnaires, presque tous les gouverneurs, et j'ajoute presque tous les ministres des colonies, veulent retenir pour l'État ou pour la colonie les bénéfices des entreprises et, dans ce but, tantôt construisent eux-mêmes, tantôt insèrent dans les contrats des clauses de rachat, et n'ont de satisfaction que quand ils ont effectivement racheté.

Sait-on, par exemple, que l'Indo-Chine, en une quinzaine d'années, a racheté neuf grands contrats en cours d'exécution. Le motif? Ces contrats étaient jugés onéreux par le gouvernement ou trop profitables pour les particuliers. Mais le tort que cela peut faire à la cause coloniale, on n'y songe guère. En voici un exemple.

En 1887, M. Ulysse Pila avait conclu avec l'Indo-Chine un contrat qui lui confiait la construction et l'exploitation de docks à Haïphong. Le capital fait, la construction achevée, l'exploitation en train, l'État racheta; ordre venu de Paris. Après bien des pourparlers, qui durèrent des années, l'Indo-Chine remboursa la Société avec un beau bénéfice. Et on lui insinua que ce bénéfice devait la laisser fort satisfaite. Point du tout. Les capitalistes sérieux ne placent pas leur argent en prévision d'un remboursement prochain, même avec bénéfices. Ils font une affaire dans l'espoir de rendements annuels, durant de longues années. Cette affaire en amène d'autres; les capitaux, satisfaits des premiers résultats, consentent à s'employer dans des affaires nouvelles; le bon renom de la colonie s'établit, son crédit s'affirme, elle trouve désormais à bon compte tout l'argent dont elle a besoin et la politique coloniale gagne des adhérents parmi ceux mêmes qui l'avaient d'abord combattue. La *Société des docks d'Haïphong* avait réuni sur la liste de ses actionnaires tout ce que la finance française renferme d'honorable et de considérable. Chaque maison s'y était intéressée pour une ou deux parts de 25 000 francs. Quand survint le rachat imposé et le remboursement, ces actionnaires reprirent leur argent, se jurant de ne plus l'aventurer dans des entreprises coloniales. Et beaucoup se sont tenu parole.

Voilà pourquoi les capitaux hésitent maintenant à s'employer dans les affaires qui dépendent du gouvernement.

Pour les affaires particulières, la raison est autre. Un très grand nombre de ces affaires ont été mal étudiées ou mal conduites. (Je ne parle pas de celles qui ont été menées de mauvaise foi.) Parmi celles qui se trouvaient entre les plus honnêtes mains, ou bien les études ont été insuffisantes, ou la direction incompétente, ou les fonds d'origine et de roulement trop faibles. Surtout, beaucoup de ces entreprises venaient trop tôt, avant que la colonie fût convenablement outillée et possédât notamment de suffisants moyens de communication. Il est inutile de citer des exemples. Pour ces raisons, nombre d'affaires se sont effondrées et ont englouti l'argent de leurs actionnaires. Pour ces raisons aussi, les capitaux sont devenus timides.

Est-ce à dire qu'on ne puisse plus trouver d'argent pour les affaires coloniales? Point du tout.

Les colonies ont leurs enthousiastes : beaucoup des colons de la première heure sont partis et partent avec leurs propres capitaux. Capitaux petits, moyens et gros, nos colons ont emporté, qui 5 000 francs, qui 50 000 francs qui 1 million. Les plus nombreux sont les capitaux moyens : 30 000 à 60 000 francs. Il serait trop long de décrire l'emploi qui leur a été donné.

L'expérience des dix dernières années a montré la position critique qui est faite à ces capitaux, que j'appellerai *capitaux individuels*. Employés dans l'agriculture ou dans le commerce, ils reposent sur la tête d'un seul homme. Que ce colon meure, les capitaux sont bien compromis. Que le colon tombe malade, d'une de ces maladies qui ne guérissent pas sur place, il hésite entre ces deux périls presque également redoutables : rester pour surveiller l'affaire et pour ruiner sa santé; s'aller soigner en Europe et ruiner l'affaire. Pour y parer, nous avons, à l'*Union coloniale française*, conseillé et souvent réalisé l'association des capitaux et des personnes; l'association à deux, qui sauve de l'isolement et de la femme indigène, et surtout l'association à trois, qui sauve des querelles possibles entre deux associés. Ce procédé, à condition toutefois de remettre toujours la décision finale à un seul des associés, a donné de bons résultats.

Mais l'œuvre des individus et même de la société en nom collectif seront toujours un faible moyen de colonisation. L'avenir est aux *capitaux associés*, à la Société anonyme. Ce genre de société permet toutes les combinaisons. Il n'est pas toujours recommandable au début de la période coloniale; il le devient davantage à mesure que les colonies, mieux connues et mieux outillées, attirent plus de colons, tirés de milieux meilleurs. Les directeurs compétents sont alors plus nombreux, les capitalistes plus confiants; cela permet de réaliser l'union désirée des hommes et de l'argent. Et le succès ne dépend plus désormais que de la fidélité de l'opinion publique à la cause coloniale et surtout du mérite du gouvernement et de l'administration des colonies.

CHAPITRE VIII

Les fonctionnaires. — Le Parlement. L'opinion.

Les fonctionnaires de nos colonies — si l'on en excepte les Bureaux arabes dans leur bon temps et les services de Cochinchine sous les amiraux — ont eu longtemps une réputation médiocre. On leur reprochait d'arriver à des fonctions importantes trop souvent d'emblée, sans préparation et avec un passé parfois critiquable. Et l'on était en droit de s'en indigner; mais s'en étonner était puéril. Alors que les colonies n'étaient rien, ni par elles-mêmes ni dans l'opinion, pourquoi auraient-elles eu des fonctionnaires recommandables? Le remède vint des colonies elles-mêmes, quand il y en eut davantage et de plus importantes, et qu'elles attirèrent plus de colons et de meilleurs. C'est le nombre et la qualité des colons qui, seuls, peuvent susciter les bons fonctionnaires. Là fut la cause réelle du progrès; l'École coloniale en fut le moyen.

Cette École fut, elle aussi, à ses débuts, fort critiquée. Elle a été, depuis lors, bien perfectionnée. L'examen qui en ouvrait l'entrée est devenu un concours, et le nombre des candidats trois et quatre fois supérieur au nombre des places. L'enseignement n'y est sans doute pas encore dans toutes ses parties de premier ordre; mais ceux qui la dirigent en savent les points faibles et s'efforcent d'y remédier. D'année en année, le recrutement des élèves s'améliore; le diplôme de l'école prend plus de valeur et les diplômés, une fois dans l'administration, y conquièrent le rang le plus honorable.

Pour ces diverses raisons, le corps des fonctionnaires coloniaux s'est relevé dans l'estime publique. Il rend aujourd'hui de bons services et, de ceux qui suivent les affaires coloniales, nul n'ignore ce qu'on peut légitimement attendre de lui. Il mérite toutefois encore deux critiques : la première est que, avec un fonds solide d'instruction générale, ces fonctionnaires ne connaissent et ne respectent encore qu'imparfaitement les mœurs et les institutions des peuples qu'ils administrent. Notamment, — faute bien grave dans des possessions — ils ne témoignent pas toujours assez de déférence apparente aux chefs indigènes, qui sont cependant leurs collaborateurs habituels. Enfin et surtout, ils ne parlent pas couramment leurs langues, et cela entraîne des conséquences parfois fâcheuses. De ce dernier grief, ils s'excusent sur la difficulté de certaines de ces langues, notamment en Indo-Chine. Mais l'excuse ne vaut pas : le birman est au moins aussi difficile que notre annamite, et les fonctionnaires anglais le parlent en perfection.

La seconde critique — qui s'adresse moins à eux qu'au gouvernement — est qu'ils ne sont pas encore assez spécialisés. Au lieu que chaque fonctionnaire soit, d'après ses études, affecté à jamais au service d'un même groupe de colonies, on en voit qui passent, par exemple, d'Afrique à Madagascar ou en Indo-Chine; et, sauf exception, cela est mauvais. Ce qui est pis, on voit des fonctionnaires de la métropole entrer d'un coup, sans transition dans le service des colonies. Cette pratique mérite d'être sévèrement blâmée : il n'y a pour les indigènes et les colons nulle sécurité, et, pour les fonctionnaires eux-mêmes, nulle garantie, si l'entrée de leur corps n'est pas interdite à de nouveaux venus, dépourvus d'instruction spéciale ou d'expérience.

Cette règle comporte des exceptions, notamment quand il s'agit des gouverneurs, et surtout des plus considérables d'entre eux : les gouverneurs généraux d'Indo-Chine, d'Afrique occidentale, de Madagascar. Les titulaires de ces postes importants, à la condition de s'appuyer sur de bons fonctionnaires techniques, peuvent être choisis à raison de leur mérite général. En fait, les choix de ces dernières années sont fort remarquables : le regretté M. Ballay, M. le général Gallieni, M. Doumer vont de pair avec ce que les nations étrangères peuvent avoir de plus distingué. Sous leur influence, les saines idées de gouvernement et les bonnes méthodes d'administration se répandent parmi les fonctionnaires à tous les échelons; et, bien qu'on puisse encore estimer que les colons n'ont pas dans les colonies toute la place à laquelle ils ont droit, il est évident que déjà beaucoup de fonctionnaires reconnaissent, dans nos possessions, deux intérêts plus considérables que les leurs : ceux des colons et ceux des indigènes.

Rassuré du côté des fonctionnaires, peut-on l'être aussi du côté du gouvernement et du Parlement? Du gouvernement, on ne peut guère redouter que l'indifférence; du Parlement, on peut redouter surtout les erreurs. Le péril est que les choses coloniales sont si différentes des choses de la métropole qu'elles risquent fort d'être mal présentées ou mal défendues. Rappelons-nous ce qui s'est passé dans les premiers temps de la Révolution, quand les colonies, encore prospères et appuyées sur des hommes d'une science consommée, comme Petit, Moreau de Saint-Méry et d'une autorité prodigieuse, comme Mirabeau, furent littéralement livrées au pillage et à la ruine par une école ignorante, qui devait travestir les faits, édifier les plus fausses théories et faire triompher une politique désastreuse. Ce qui s'est fait alors pourrait recommencer.

Voici, par exemple, le protectorat : c'est une conception qui semble répugner à notre tempérament. N'est-il pas à craindre que le Parlement, désireux de tout contrôler et de tout diriger, n'en fausse le mécanisme et n'aboutisse fatalement à l'administration directe, plus coûteuse et plus périlleuse? Voici encore cette sorte d'esclavage volontaire et temporaire, qui existe dans notre Afrique occidentale et qui est, pour l'esclave, le chemin de la liberté et, pour la colonie, un moyen de progrès. Est-il impossible que quelque député le confonde avec l'esclavage perpétuel d'autrefois, fruit de la guerre ou de la traite, et en demande la suppression? Est-il invraisemblable que le Parlement l'applaudisse et le suive?

Invraisemblable, cela le devrait être; car

il ne manque plus en France d'hommes qui ont passé par l'administration coloniale, connaissent bien les choses des colonies, de toutes les colonies, et devraient se trouver au Parlement pour les expliquer ou les défendre. L'Algérie a eu des gouverneurs tels que M. Tirman ou M. Jules Cambon; la Tunisie, des résidents généraux comme MM. Paul Cambon, Massicaut et René Millet; Madagascar, des gouverneurs généraux, comme MM. Le Myre de Villers et Gallieni; l'Indo-Chine, comme MM. Paul Bert, Constans, Rousseau, Doumer. Si ces hommes étaient au Parlement, les colonies auraient de bons défenseurs; mais ou bien la diplomatie et l'armée ou bien la mort nous les ont pris. Et, de tant de voix autorisées, une seule peut se faire entendre, celle de M. Le Myre de Vilers; une autre, peut-être, le pourra bientôt, celle de M. Doumer.

De cette pénurie d'hommes du métier, il est résulté, durant bien des années, que les seuls porte-parole des colonies, les seuls du moins que le pays écoute, se réduisent à un ou deux : M. Étienne, l'éternel champion, dont l'enthousiasme passionné diminuerait peut-être l'autorité devant des sceptiques ou des indifférents, et M. Le Myre de Vilers, qui s'est volontairement cantonné sur le terrain de l'Indo-Chine.

Il en est d'autres, toutefois, qu'on pourrait espérer entendre : ce sont les anciens ministres des colonies. Voilà précisément des hommes qui semblent qualifiés pour parler des affaires coloniales. Mais, ou bien ces affaires les ont peu intéressés, et, revenus à leurs bancs de députés, ils sont retournés à leurs préférences antérieures; ou bien ils ont été absorbés par quelque autre département non moins important que celui des Colonies. Et parmi ceux qui déjà se sont succédé au pavillon de Flore, je ne vois guère que M. Guillain et M. Chautemps qui aient fait profiter les colonies de ce qu'ils y ont appris.

En sorte que le danger que nous signalions n'a rien de chimérique. Toutefois, il est permis de croire qu'il a été plus menaçant qu'il ne l'est aujourd'hui. Les colonies sont de mieux en mieux connues; il y a plus de gens qui y vont et qui en reviennent, qui en écrivent et qui en parlent; elles ont chaque jour moins à craindre de l'ignorance.

Et il est permis de croire qu'elles ont aussi moins à craindre d'une hostilité de parti pris. Pour que le Parlement condamnât les colonies, il faudrait que l'opinion publique se prononçât nettement contre elles. Est-ce là quelque chose qu'elles aient à redouter?

C'est une question qui s'est un jour posée en Angleterre même. L'Angleterre est le plus grand pays colonial du monde et celui où la politique coloniale a le plus de partisans. Toutefois, l'amour de l'Angleterre pour ses colonies ne date pas de loin. En 1830, il se formait à Londres une Société coloniale, dont le but avoué était de défendre les colonies contre l'indifférence du ministère des colonies. Un peu plus tard, jusque dans les sphères gouvernementales, on rencontrait des hommes qui ne voyaient dans les colonies qu'un impedimentum pour la politique anglaise et semblaient ne devoir pas reculer même devant leur abandon. Cependant, ni leur indifférence ni leurs critiques n'ont prévalu contre le bon sens du public.

Dès à présent, il en est de même en France. Certes, la politique coloniale a rencontré chez nous, il y a quinze ans, la plus vive hostilité; mais cette hostilité était déterminée moins par l'appréhension de cette politique que par de la haine contre celui qui la dirigeait. Aujourd'hui, les hommes de gouvernement se sont convertis ou ont désarmé.

Il y a toutefois deux groupes d'hommes dont on peut se demander s'il n'y aurait pas à redouter quelque opposition : les économistes et les socialistes.

Les économistes, du premier Empire à la troisième République, n'ont pas été grands partisans de la politique coloniale. Après Adam Smith, J.-B. Say en a dit les raisons. Les colonies étaient alors le prétexte ou l'asile d'abus, que l'économie politique combat. Mais aujourd'hui ces abus gouvernent le monde et la France; et ce sont, sauf sur un point, les colonies qui protestent contre eux. Aussi, en fait, les économistes ne se rangent-ils plus contre les colonies.

Le gros de l'école n'y prend pas encore un grand intérêt; mais quelques-uns de ses chefs les plus illustres, M. Levasseur et M. Paul Leroy-Beaulieu, en sont des partisans déterminés; et je me souviens que M. Léon Say, ayant accepté la dédicace d'un ouvrage sur les colonies, m'exposa sous quelles réserves très acceptables il pouvait se rallier à la politique coloniale.

Du côté des socialistes, le danger ne me paraît pas plus grave. Les socialistes collectivistes ont, un temps, songé à combattre la politique coloniale, comme ils combattaient la mutualité, la coopération, la participation aux bénéfices, qui leur semblaient fournir des solutions partielles, au lieu d'une solution intégrale, des questions sociales. Mais il est visible que les socialistes ont partout changé de tactique; dans la plupart des pays, ils deviennent hommes de gouvernement. Sauf en Italie, on ne voit pas qu'ils combattent la politique coloniale. Et, en France, ils n'ont plus aucune raison de la combattre, puisque cette politique a adopté, comme moyen, le bonheur des indigènes, — voilà pour le côté humain, — et comporte, comme instrument nécessaire, l'association des talents et des capitaux, — voilà pour le côté social.

On peut donc, sans trop d'optimisme, croire que la politique coloniale n'a pas à redouter de graves périls du dehors, et qu'elle doit durer et réussir, si elle sait elle-même se modérer et se réformer.

Comment elle le peut faire et dans quel sens elle le doit, c'est ce que nous examinerons en terminant ces études.

CHAPITRE IX

Les réformes.

Avant de parler des réformes, résumons-nous. Nous avons un empire colonial et nous avons des colons. Empire et colons sont pour nous une nouveauté; ce sont choses d'hier, qui attendent le concours du temps. Essayons de dégager en quelques mots ce qui leur manque encore et ce que le temps et les soins des hommes pourront leur donner.

1° Remaniement, consolidation et extension éventuelle de l'empire colonial.

Notre empire colonial est vaste, très vaste sans doute, si on le juge sur ses dimensions absolues, car il est grand comme seize fois la

France, mais plus modeste et mieux à notre main, si l'on n'en considère que les parties actuellement utilisables : cinq ou six fois la France. Même réduit à ces dimensions, il serait encore trop grand pour nous, s'il se composait de colonies à peupler; mais il comprend surtout des possessions à exploiter, et la France, centre de grandes richesses, paraît tout à fait qualifiée pour cette tâche. En fait, les dix dernières années ont montré ce qu'elle peut faire : sa politique coloniale presque partout est un succès.

Cet empire, de dimensions largement suffisantes, a toutefois besoin d'être remanié et consolidé. L'état de paix où nous vivons depuis trente ans ne doit pas nous faire illusion et nous laisser oublier une guerre toujours possible. Notre Indo-Chine a besoin de régler nettement sa position en face du Siam. Notre côte occidentale d'Afrique, dans son état présent, ne peut être que difficilement défendue. Les possessions de chaque nation s'y entremêlent, comme, dans un pâté, les tranches superposées des viandes diverses. Il conviendra, dans l'intérêt de tous, que l'on procède quelque jour à des échanges et à des rectifications de territoires. Notre Algérie, d'autre part, pour ne rien dire de notre Sénégal, n'a pas de frontières sûres du côté du Maroc. Une convention entre les deux États vient d'être signée pour établir, non pas ces frontières, mais les sphères d'influence sur les diverses tribus. Cela est excellent et, toutefois, cela ne suffit pas. Et, en tenant compte de ce que la question marocaine est une question internationale à régler d'accord avec trois puissances, il faudra y chercher une solution plus durable et plus conforme à notre situation dans la Méditerranée.

2° Inventaire méthodique des ressources des colonies.

L'empire constitué, remodelé et consolidé, il semblera utile de le connaître enfin. C'est un fait bien remarquable que la France n'a jamais pris soin de connaître ses colonies. Soixante-dix ans après que nous avons conquis l'Algérie, nous en sommes encore à chercher ce qu'y peut produire le sol et ce que renferme le sous-sol. Au surplus, presque toutes les découvertes sont le résultat des recherches des particuliers; l'administration y est pour peu de chose. Au contraire, dans les possessions anglaises, elle considère que son premier devoir est de procéder à un inventaire des ressources des pays récemment conquis. Aux Indes, notamment, elle a institué dans ce but un corps spécial de fonctionnaires chargés de ce qu'on appelle le *Survey*. Il y a deux sortes de survey. Il y a un *survey* qui consiste à dresser quelque chose comme le cadastre du pays; on y procède lorsque le pays est déjà organisé et qu'il s'agit d'arriver à un meilleur établissement de l'impôt foncier. Mais avant celui-là, il y a, au lendemain même de la conquête, un autre *survey*, inventaire provisoire de ce que renferme le pays, confié à des spécialistes : géologues, chimistes, agronomes, etc., lesquels renseignent immédiatement la métropole sur la valeur de l'acquisition qu'elle vient de faire. C'est ainsi que la Birmanie, conquise en 1885 et annexée à l'empire des

Indes, fut, dès 1888, explorée et connue de façon assez complète pour que des capitaux importants aient pu s'y employer presque aussitôt dans des entreprises minières, forestières, etc.

C'est quelque chose de la sorte qu'il faut introduire maintenant dans nos colonies, soit institution permanente comme le *survey* anglais, soit, tout au moins, commission temporaire, telle que l'avait, pour l'Indo-Chine, conçue M. Paul Bert. A la veille de sa mort, il organisait une double mission : mission chargée d'étudier le sous-sol, sous la direction de M. Grandœury, directeur de l'École des mineurs de Saint-Étienne, mission chargée d'étudier le sol et l'atmosphère, sous la direction de M. le docteur Regnard, aujourd'hui directeur de l'Institut agronomique. Ce plan est à reprendre dans toutes nos colonies. Les exemples abondent qui en démontrent la nécessité.

3° L'ORGANISATION DES COLONIES : ORGANISATION ÉCONOMIQUE.

Ce ne serait pas assez de *connaître* l'empire; resterait à l'*organiser*, du point de vue économique et du point de vue politique et administratif. Parlons d'abord de l'organisation économique.

On ne peut en ces matières faire des raisonnements et proposer des réformes qui s'appliquent à toutes nos colonies. Rappelons-nous nos objections à la théorie *du bloc colonial*. Voici un ensemble de réflexions et de propositions qui s'appliquent surtout à l'Afrique.

Pour organiser nos colonies d'Afrique, on devrait tendre non pas à instituer des centres administratifs, comme on l'a trop fait en d'autres colonies, mais uniquement à préparer, par une bonne politique indigène, ce double résultat : l'Européen prospère et l'indigène heureux et prospère. Tous ceux qui connaissent ces pays savent que l'Européen n'y peut rien sans l'étroite collaboration des indigènes. Donc le double problème que nous montrons revient presque à un seul : assurer à l'indigène un régime qui le laisse ou le fasse rester dans le pays et qui le détermine à travailler et à prêter son concours au colon européen. Cela suppose un ensemble de circonstances qu'il n'est pas inutile de présenter avec quelques détails.

L'indigène, chef de village, propriétaire de terres, ne travaillera pas seul ou ne travaillera pas lui-même; il travaillera avec une main-d'œuvre auxiliaire : métayers ou esclaves. C'est pourquoi il importe de ne pas laisser se dépeupler nos possessions d'Afrique et notamment de bien montrer ce qu'y est aujourd'hui l'esclavage, afin de voir si — tel qu'il est — on ne doit pas, provisoirement, le maintenir dans certaines régions.

L'indigène ne travaillera que si on lui facilite un travail rémunérateur : et le meilleur moyen qu'il en soit ainsi sera de susciter la vie économique du pays d'abord autour des voies ferrées, d'où elle se répandra de proche en proche sur tout le reste.

L'indigène ne travaillera que si on lui laisse

une part suffisante de ses profits, et cela se fera grâce à une bonne organisation de l'assiette et de la perception de l'impôt.

L'indigène ne travaillera que si ses bénéfices peuvent se convertir facilement pour lui en confort et en jouissances : c'est pourquoi il est essentiel de mettre à sa portée des occasions d'employer son argent, c'est-à-dire de le dépenser, jusqu'au jour où plus de civilisation le conduira à chercher les occasions d'employer fructueusement son capital, c'est-à-dire d'économiser et de placer.

Reprenons l'une après l'autre chacune de ces idées.

On disait un jour devant le général Faidherbe que l'Afrique est un pays qui ne vaut pas la peine d'être colonisé, tant il est pauvre. Pauvre, dit-il, il est riche du plus précieux produit qui soit au monde : il produit des hommes. Et c'est la vérité. L'Afrique aujourd'hui est probablement peu peuplée; c'est que sa population a été, durant des siècles, exportée au dehors ou décimée au dedans.

Jadis, c'était par l'esclavage et la traite; plus

tard ç'a été par la guerre intérieure; aujourd'hui, dans une mesure infiniment moindre, c'est au moins dans une de nos colonies, le Sénégal, par l'emploi exagéré de nos Sénégalais dans notre action politique et militaire à travers toute l'Afrique occidentale.

La traite a disparu sous l'action combinée des puissances; la guerre intérieure, dans les régions que nous dominons, a disparu sous l'action généreuse de la France qui n'a cessé de combattre les grands chefs marchands d'esclaves, lesquels vivaient par la guerre, et pour la guerre. Malgré cela, l'esclavage n'a pas disparu; il existe encore, par toute l'Afrique et jusque dans nos colonies françaises, sous une forme relativement nouvelle et qui mérite l'attention.

L'esclavage, aujourd'hui est le résultat d'actes ou volontaires, ou du moins acceptés par les mœurs. Les conducteurs de caravanes, qui vont de l'intérieur à la côte, ayant à trouver des porteurs, se les procurent dans les pays de provenance, par suite soit de ventes que les parents leur font de leurs enfants adultes, soit d'engagements volontaires de ces mêmes enfants. Parents et enfants y trouvent tous deux leur avantage : les parents, une somme d'argent, les enfants, un salaire, et, une fois au pays de destination, une place. Une place, quand il s'agit d'esclavage, cela paraît ironique; mais l'ironie n'existe que pour ceux qui ne connaissent pas le pays. Le porteur, vendu comme esclave à quelque chef ou à quelque propriétaire de terres, occupe la situation soit d'un enfant de la maison, soit d'un métayer. Il travaille pour son maître pendant le temps convenu. Après sa libération, il acquiert des terres, et, pour les travailler, fait à son tour venir de son pays des jeunes gens, heureux d'entrer, comme lui, en esclavage, pour arriver, comme lui, à la liberté et à la propriété. Ils ont déserté un pays pauvre pour un pays riche, et l'esclavage leur a servi à payer leur voyage et à conquérir une situation. Et cet esclavage temporaire leur paraît si tolérable, qu'il n'est pas d'exemple qu'un d'entre eux ait cherché à se soustraire par la fuite à l'exécution de ses obligations.

Il en est à peu près de même dans toute

l'Afrique islamique : Schweinfurth en a donné pour l'Égypte une attestation célèbre. Le tort de l'institution que nous venons de décrire est de porter le même nom que l'esclavage, fruit de la guerre ou de la traite. Les lecteurs de l'*Uncle Tom* en sont mal impressionnés; et ceux de nos administrateurs, qui sont nouveaux dans le pays, se souvenant de l'action ininterrompue de la France contre l'esclavage, depuis le temps de Robespierre jusqu'à la Révolution de 1848, brûlent de l'abolir. Autant vaudrait se promettre de ruiner le pays. Que l'esclavage, même l'esclavage de case, doive un jour disparaître, pas de doute; mais il y faudra du temps et des tempéraments; cette partie de la Déclaration des Droits de l'homme serait prématurée, et notre politique indigène comporte le maintien de la sorte d'esclavage que nous venons de décrire.

Ayant tout fait pour peupler le pays, il importe alors de ne pas le dépeupler par des procédés malencontreux. Or, le Sénégal, a dû, depuis quelque douze ou quinze ans, payer à notre politique africaine un lourd tribut en hommes. Auparavant, même au Sénégal, on n'estimait pas que les indigènes pussent être employés utilement, et l'on cherchait, par exemple, au début de la construction du chemin de fer du Niger, des travailleurs, hors de notre colonie, au Maroc et jusqu'en Chine. Mais aujourd'hui, comme travailleurs et comme soldats, les Sénégalais jouissent d'une estime qui n'a rien d'exagéré, et, à l'appel du gouvernement ou des particuliers, s'en vont par toute l'Afrique occidentale, privant ainsi la colonie de leur travail, et y augmentant les difficultés du problème de la main-d'œuvre. Il y a là une pratique à laquelle il convient de porter remède. Le Sénégalais ne doit plus être employé à toute tâche et en tout pays.

Mais ce n'est pas tout d'avoir des travailleurs. Il faut leur procurer un travail rémunérateur, dont le profit même les engage à travailler. C'est là une question qu'on résoudra, surtout par une bonne organisation des moyens de transports. Cela peut paraître paradoxal : en voici l'explication. Quand l'indigène a produit, la seule question qui se pose est celle-ci : comment tirera-t-il un bon parti de ses produits? Et la réponse invariablement est celle-ci : par des transports à bon marché, qui permettent à l'Européen de payer plus cher le produit, puisqu'il paie moins cher le transport. Jusqu'ici le seul moyen de transport possible est la caravane. L'indigène apporte lui-même ses produits à la côte. Quand l'Européen a tenté de les lui acheter dans l'intérieur, il a échoué : l'Européen qui achète à l'intérieur doit, en effet, se charger de faire lui-même ses transports; mais comme il transporte plus chèrement que l'indigène, il est forcé d'abaisser son prix d'achat. Ce prix abaissé décourage l'indigène, qui cesse de produire, et ainsi l'Européen tarit lui-même ses affaires et ses bénéfices. S'il veut ramener l'indigène au travail, il n'a qu'à abaisser le prix de transport : pour cela, il lui faut ouvrir des voies ferrées. Aussitôt les caravanes se dirigent au plus proche sur le chemin de fer; chaque station peut et doit former un centre de population et de travail. Qu'on n'aille pas toutefois chercher à créer des villages artificiels : ils ne réussissent nulle part. Les noirs se grouperont d'eux-mêmes, suivant leurs convenances; les nomades, après les sédentaires, fixeront leur habitat; les villages se grossiront et se multiplieront; après les villages, surgiront les villes. Sans aucune pression artificielle, nos usages commerciaux gagneront de proche en proche, et, derrière eux, sous le couvert du commerce, une partie de ce qu'on appelle civilisation.

Encore faut-il que les impôts n'écrasent pas les travailleurs et ne découragent pas la production. C'est une opinion très accréditée que, dans une bonne partie de notre Afrique occidentale, surtout dans les pays qu'on peut appeler de protectorat, les impôts sont souvent établis et perçus injustement.

Le chef taxe arbitrairement ceux qui dépendent de lui et le percepteur indigène ne se gêne pas pour les faire payer deux fois. Un impôt modéré, légitimement établi, régulièrement perçu, serait un des plus grands biens qui puisse advenir à l'indigène. Il saurait alors ce qu'il doit payer chaque année, quelle part de son profit lui sera légitimement réclamée, et cette sécurité et cette régularité l'inciteraient au travail et à l'économie. Quel doit être cet impôt? Affaire d'espèce. Dans les colonies comme partout, ce ne peut être qu'une combinaison de l'impôt indirect, douanes ou impôt de consommation, et de l'impôt direct, qui, en l'état actuel de l'Afrique occidentale, sans régime foncier régulier et sans cadastre, ne saurait être qu'un impôt de capitation. L'impôt de capitation a de grandes vertus : mais il implique d'abord un recensement sérieux et consciencieux, qui, jusqu'ici, n'existe encore nulle part, et un contrôle des perceptions. Affaire de temps et d'attention.

Même avec ces garanties, l'indigène ne travaille que si l'argent gagné représente pour lui la satisfaction possible de besoins. C'est là une question bien connue de tous ceux qui ont eu affaires aux indigènes.

Toutes les races, à cet égard, se ressemblent. Les mêmes difficultés ont été rencontrées par Nordenskiöld au Spitzberg, par les Hollandais à Java, par le colonel Thys au chemin de fer du Congo. A une certaine période de la civilisation, l'argent n'a pour les indigènes aucune valeur : que faire de pièces de monnaie? Cela ne se consomme pas. L'indigène, qui a une pareille conception doit, pour se décider à travailler, faire un pas de plus et apprendre que l'argent, c'est des vêtements, de la nourriture, de la poudre, etc. Nos indigènes à nous ont déjà franchi cette étape. Mais, ou bien ils se refusent à travailler, parce qu'ils n'ont pas à leur proximité où échanger leur argent contre d'autres choses utiles ou agréables, et alors il faut créer pour eux et près d'eux des bazars bien assortis et (l'expérience en a été faite) bien d'autres occasions de dépenses, et, par exemple, des théâtres, des danses, etc.; ou bien, ayant travaillé, ils se refusent à travailler davantage, parce qu'ils ont déjà gagné de quoi vivre ou de quoi satisfaire leurs besoins actuels de confort relatif ou même de luxe, et alors il importe ou de leur suggérer d'autres besoins ou de leur donner la notion de l'épargne et des emplois qu'on peut faire du capital épargné. En tout cas, il est un fait qui ne sera nié par aucun de ceux qui connaissent les indigènes, c'est que le noir, s'il n'aime pas le travail, consent du moins à travailler de plus en plus, quand il sait qu'avec le travail il peut se procurer plus de confort ou plus de plaisir, ou quand il est arrivé à la notion de l'épargne, de la sécurité de l'épargne et de l'emploi rémunérateur du capital épargné.

Enfin, il sera possible et même nécessaire de faire davantage, et, entrant avec prudence dans ce qu'on appelle la voie de la civilisation, de donner aux indigènes un certain degré d'instruction.

Qu'on se rassure : je ne suis pas partisan pour eux de l'instruction ni secondaire, ni même primaire : je ne veux pour eux que le français, un peu de lecture, d'écriture et de calcul; mais surtout et avant tout l'enseignement technique : des écoles de métiers, d'agriculture, etc. De là sortiront des ouvriers et jusqu'à des contremaîtres. Et c'est tout un avenir qui s'ouvre : plus de travail, plus de ressources, plus de besoins, plus d'affaires, plus de richesse.

4° L'ORGANISATION DES COLONIES : LES INSTITUTIONS.

Cette question concerne sans doute toutes les colonies. Toutefois, elle concerne surtout les plus avancées d'entre elles.

C'est une chose très singulière que nos colonies, qui ont tant de rouages administratifs, manquent d'institutions. Les institutions sont des garanties. Les meilleures garanties sans doute sont les mœurs publiques; mais de jeunes colonies n'y peuvent prétendre et doivent recourir aux institutions. Je ne sais pas si le public métropolitain se rend compte du point auquel nos colonies en sont dépourvues.

Chaque organisme de la politique coloniale a besoin de garanties pour sortir sa pleine et entière utilité.

La colonie a besoin de garanties pour que la métropole n'exerce pas sur elle un pouvoir despotique et ruineux (inscriptions d'office de dépenses obligatoires et inutiles).

La métropole a besoin de garanties pour que

la colonie n'aille pas à l'encontre des intérêts généraux du pays, en instituant, par exemple, une politique ou un régime économique distincts des siens ou opposés aux siens.

Dans la colonie, les indigènes ont besoin de garanties pour que les colons ne disposent pas arbitrairement des terres, propriétés des indigènes et des impôts, payés surtout par les indigènes.

Et ainsi de suite de plusieurs autres questions.

Ceux-là seulement qui connaissent les affaires coloniales approuveront la justesse de nos réflexions. Le gouverneur d'une colonie, par exemple, y est tout-puissant; il peut y faire ce qui lui plaît et peut y introduire sa politique à lui, qui sera la négation de la politique de ses prédécesseurs; il peut négliger les conseils, mépriser les plaintes, enfreindre les ordres, bouleverser tout et tout remanier à sa guise. Il n'y a, dans la colonie, rien ni personne qui puisse s'opposer à son caprice omnipotent, et il faudra à la métropole six mois pour savoir ce qui se passe, demander des explications et faire prévaloir sa volonté. Des institutions pareraient à ce danger.

Sans doute, il faut que le gouverneur d'une colonie soit puissant, et puisse jouir d'une large initiative. Faute de quoi, mille intérêts existants l'entraveront dans son action. Sans large initiative du gouverneur, rien à faire aux colonies. Et ce besoin d'initiative semble être opposé au besoin de garanties et d'institutions. Erreur. Il est facile de laisser au gouverneur tous les pouvoirs dont il a besoin dans la colonie, tout en l'astreignant à une dépendance convenable vis-à-vis des intérêts supérieurs du pays.

Balancer tous les intérêts et mettre en harmonie toutes les forces, ce sera l'œuvre d'une constitution coloniale et celui qui écrira cette constitution aura assurément son nom inscrit dans l'histoire. Nos ambitions, à cette place, ne sont pas si hautes. Nous voulons donner seulement quelques garanties à des intérêts plus spécialement menacés.

A titre d'exemple, nous citerons les indigènes. On sait le rôle qu'ils doivent jouer dans l'exploitation de nos colonies. Notre devoir moral et notre intérêt matériel sont d'accord pour nous recommander de les traiter avec équité et avec bonté.

Or, la politique à tenir envers eux est, en dépit des traités et des lois, entièrement entre les mains de l'administration et du gouverneur, son chef. En Indo-Chine, avant et après M. de Lanessan, le protectorat a menacé de sombrer; M. de Lanessan l'a renfloué pour un temps : mais la métropole n'a su de ces péripéties que ce qu'on a voulu lui en dire, et elle n'a rien pu pour combattre une politique d'administration directe et d'assimilation, qu'elle était tenue, de par des traités existants, de désapprouver. Or, des indigènes, qui s'appellent des Annamites, des Malgaches, des Arabes, qui ont une histoire et une civilisation, ne peuvent pas, sans inconvénients, être traités avec cette désinvolture. Avant notre venue, ils n'avaient à redouter que leurs chefs naturels; aujourd'hui, soumis encore parfois, malgré nous, aux vexations et aux abus de pouvoir de ces chefs, ils peuvent, de plus, avoir à souffrir de la conduite de nos agents et de nos Conseils électifs.

Pour y parer, deux moyens sont possibles : le premier, l'institution, dans les possessions où les mœurs le comportent, de Conseils de notables indigènes; le second, réalisable partout, et qui se concilierait fort bien avec le premier, l'institution d'un Conseil de colonie ou de protectorat.

Les Conseils de notables ne peuvent être introduits que dans les pays où les indigènes peuvent se faire une opinion et ont le droit d'en formuler une. C'est le cas de l'Indo-Chine.

Pour permettre à cette opinion des indigènes de se faire connaître, on a, en Indo-Chine, recouru à deux procédés, employés l'un en Cochinchine, l'autre au Tonkin. En Cochinchine, dans le conseil colonial, on a introduit certains indigènes parmi les membres européens. C'est un moyen emprunté aux Indes anglaises. Il est médiocre : les indigènes ne se sentent jamais bien libres dans ces assemblées mixtes. Au Tonkin, on a recouru à un système différent : les conseils des notables, où les indigènes sont entre eux, hors de la présence des Européens. Ce système, de l'invention de M. Paul Bert, a été, après lui, abandonné, jusqu'à M. Doumer, qui l'a repris en le modifiant. M. Paul Bert voulait des Conseils élus par la population ; M. Doumer a préféré les Conseils nommés par l'administration. J'aime mieux le système de M. Paul Bert ; mais celui de M. Doumer n'est pas mauvais. Au début de notre occupation, les conseils de notables étaient destinés à contrecarrer l'action des mandarins hostiles; aujourd'hui, ils ne peuvent plus qu'éclairer sur leurs besoins une administration bienveillante. Ils donnent une excellente physionomie à notre politique indigène. Ils sont en soi toute une politique indigène.

Des Conseils de protectorat, nous en avons déjà, parfois sous d'autres noms; ils ne sont actuellement une garantie pour personne. Il les faudrait tout autres : l'indépendance de leurs membres mieux assurée, leurs séances plus fréquentes; leur compétence mieux définie, les motifs de leurs décisions publiés, ainsi que l'avis et les raisons de la minorité, et enfin l'obligation pour le gouverneur, quand il croit devoir passer par-dessus l'opinion du Conseil, de motiver, lui aussi, sa décision. Pour la création ou l'amélioration de ces Conseils, on pourrait beaucoup emprunter à l'Insulinde et aux Indes anglaises.

Ces Conseils seraient une bien précieuse garantie pour tout le monde : pour la métropole, pour les colonies, pour les colons et pour les indigènes. A ces derniers notamment, ils pourraient assurer à la fois le maintien de leurs propres institutions, auxquelles ils tiennent, et l'accomplissement de réformes qui leur seraient utiles.

5° L'ORGANISATION DES COLONIES : LA MAGISTRATURE.

Si de pareils Conseils avaient existé, jamais on n'aurait, comme on l'a fait depuis quinze ans, bouleversé si souvent et si profondément leurs lois et leurs institutions judiciaires.

L'administration de la justice est actuellement ce qu'il y a de plus défectueux dans toute notre organisation coloniale. La conception même, et souvent aussi les hommes qu'on y associe, tout prête à la critique. Il est indispensable que quelque jour on remanie cela.

M. Flandin, autrefois procureur général à Alger, avait, il y a peu d'années, émis de bonnes idées sur le recrutement de la magistrature coloniale.

Pour ce qui est des tribunaux eux-mêmes, et de la loi qu'ils devraient appliquer, on a de sages modèles à étudier dans les Indes anglaises. Le principe de toute réforme doit être la variété des institutions judiciaires, à la fois dans les diverses colonies et, pour une même colonie, dans ses diverses parties, suivant qu'elles sont plus ou moins avancées.

Naturellement, cette école, d'ailleurs en décroissance, qui prétend ne vouloir plus rien apprendre de l'étranger, et proteste contre ceux qui, comme nous, estiment que, malgré les indiscutables progrès des dix dernières années, nous avons encore beaucoup à lui emprunter, trouvera notre suggestion impertinente. Les gens sensés de notre pays et de tous les pays seront avec nous.

6° L'organisation des colonies : les fonctionnaires.

Après la réforme des institutions, la réforme des fonctionnaires. Nous avons dit ce qu'étaient les fonctionnaires d'autrefois et ce que sont ceux d'aujourd'hui. Le progrès est immense. Mais ceux d'aujourd'hui autant que ceux d'autrefois, savent, en général, mal la langue du pays où ils servent et n'en comprennent guère les institutions. Savoir la langue du pays, la savoir bien, la parler couramment conduit à mieux connaître les hommes, à mieux juger les institutions. C'est le commencement de la sagesse : le reste vient par surcroît. Il conviendrait, à leur arrivée dans la colonie, de soumettre les fonctionnaires à un entraînement spécial sanctionné par un examen obligatoire. Nous leur allouons bien des primes, quand ils passent l'examen sur les langues, mais ces primes, peu considérables, ne sont pas faites pour les tenter. Les Anglais aux Indes ont un autre système, plus efficace. Le jeune fonctionnaire, en y arrivant, est affecté à un service, qui lui laisse quelques loisirs et en même temps le mêle à la société indigène. Au bout de sa première année de séjour, il est *tenu* de se présenter au premier examen de langues; s'il y est refusé, on lui diminue tout de suite son traitement de 10 p. 100; à la fin de la seconde année, même obligation pour le second examen, avec la même sanction; à la fin de la troisième, s'il a échoué à ces examens, il est licencié.

7° L'organisation de la colonisation : colonisation, éducation, capitaux.

Les quelques réformes que nous venons d'indiquer intéressent surtout les indigènes, celles qui suivent intéressent surtout les colons.

Les colons, depuis quelques années, auraient lieu d'être plutôt satisfaits, si un colon pouvait être satisfait. Mais un colon est, par définition, impatient et facilement mécontent. Il lui sera, toutefois, beaucoup pardonné parce qu'il aura beaucoup lutté.

Néanmoins, il ne peut nier qu'on n'ait fait beaucoup pour lui en peu de temps. L'argent dépensé pacifiquement aux colonies l'a été, en général, pour lui plutôt que pour l'indigène. C'est l'indigène, cependant, qui par l'impôt, a fourni cet argent sous forme de capital ou le fournira sous forme d'intérêts. On outille les colonies comme elles doivent l'être, et de cet outillage nul ne profitera plus que le colon. On tend, dans la mesure où le permettent le régime et le préjugé économiques de la métropole, à lui donner un excellent régime commercial, et il peut beaucoup espérer de l'avenir, si la métropole d'abord veut s'occuper sérieusement de la colonisation, et ensuite se mettre à réformer l'éducation de ses capitaux et l'éducation de ceux de ses enfants parmi lesquels se recrutera le personnel des entreprises coloniales.

La colonisation, dans le sens restreint où nous prenons ici ce mot, est la partie spéciale de l'œuvre coloniale, qui tend à amener des colons dans les territoires colonisables. J'ai dit que notre empire comprend surtout des *possessions*; toutefois il comprend aussi quelques parties qu'on peut appeler colonies, à savoir une bonne portion de l'Algérie et de la Tunisie, sans parler de ce qui pourra être fait plus tard dans certaines régions du Fouta Djallon et de Madagascar.

Pour peupler ces régions, il n'est pas douteux qu'il faille recourir à certains procédés connus des spécialistes. Tant que nous n'avons songé à faire que de la colonisation grande ou moyenne, c'est-à-dire à peupler nos colonies de colons riches ou à leur aise, la *liberté*, la *libre initiative*, ont été des moyens suffisants. Mais pour la petite colonisation, pour celle qui prétend amener dans les colonies bon nombre de gens disposant de faibles ressources, il faut d'autres procédés. Les États-Unis, le Canada, l'Argentine, le Brésil, y ont eu recours avec efficacité : pourquoi pas nous, à notre tour?

Pourquoi les gouvernements des colonies eux-mêmes, sans faire de la colonisation officielle, ne se mêleraient ils pas de renseigner, d'attirer et peut-être même d'assister (logement provisoire, choix d'un terrain, etc.) les colons? Toutes les formes de colonisation, grande, moyenne et petite, sont utiles et utilisables; tous les procédés de colonisation et de peuplement doivent être employés. Le gouvernement a là un rôle.

Sur le terrain de la colonisation par les capitaux, tout au contraire dépend des particuliers.

Les capitaux, nous l'avons vu, n'ont pas ncore découvert le régime qui, dans leur mploi aux colonies, leur donnerait le plus de sécurité.

La plupart des colons, jusqu'ici, ont, en général, travaillé avec leurs propres capitaux; parfois des jeunes gens désireux d'aller s'établir aux colonies ont trouvé en Europe des personnes qui leur en ont prêté. Ce système individualiste a un inconvénient énorme : les capitaux tirent leur seule sécurité de la durée de la vie de l'emprunteur; si le colon meurt, les capitaux sont perdus. Pour cette cause, et aussi pour d'autres encore que connaissent les économistes aussi bien que les coloniaux, il serait bon de modifier cette combinaison. Le meilleur système serait de substituer à l'entreprise individuelle l'entreprise en forme de Société anonyme. La Société anonyme divise les responsabilités, modère des impatiences, source de beaucoup d'erreurs de conduite, assure la durée de l'affaire même par delà la vie de celui qui la dirigeait d'abord, et permet certaines dépenses préalables qui sont la condition même du succès, notamment la constitution de Sociétés d'études. Les Sociétés d'études sont, surtout aux colonies, le préliminaire obligé de toute affaire sérieuse.

Enfin, nulle entreprise, Société ou affaire privée, ne peut espérer de réussir si elle ne s'assure un bon personnel. Autrefois les affaires coloniales comportaient de tels bénéfices que le premier venu, appuyé sur quelques capitaux, y pouvait faire fortune. Aujourd'hui, il y a trop de concurrence pour que les procédés rudimentaires de jadis puissent être maintenus. Il faut en toute affaire un bon personnel sérieux, honorable et instruit.

Parler de l'instruction et de l'éducation qui conviennent aux futurs habitants de nos colonies nous entraînerait trop loin. Nous avons développé maintes fois nos idées sur ces sujets, et dans des brochures spéciales et devant la commission de l'éducation au Palais-Bourbon. Toutefois, nous pouvons en résumer ici l'essentiel dans cette courte formule : les futurs colons doivent quitter l'école de bonne heure, munis d'une instruction d'autant plus pratique qu'ils seront, par le manque de fortune personnelle, obligés de gagner plus tôt leur vie.

Sur ce chapitre des réformes, nous en aurions encore long à dire. Il en est d'autres encore que celles que nous venons d'indiquer, et de capitales; mais elles sont d'ordre politique et impliquent de grosses difficultés qui ne peuvent être résolues que par l'initiative toute-puissante du gouvernement. Mieux vaut n'en pas parler dans une étude qui a visé à être surtout pratique et dont on pourrait même se promettre des résultats immédiats.

Non pas que nous espérions convertir à bref délai tous ceux de qui dépendent les réformes primaires que nous demandons; mais nous savons que la vérité chemine lentement, et que ceux-là seuls la verront arriver au but qui l'auront aidée à se mettre en route de bonne heure.

TABLE DES MATIÈRES

CHAP. I. — La théorie du « bloc » 1
— II. — La pénurie de documents français..... 13
— III. — La France a-t-elle trop de colonies?.... 27
— IV. — La politique indigène................. 45
— V. — La politique économique : les finances, l'outillage, le commerce............. 60
1° Colonies de l'Afrique occidentale... 61
2° L'Indo-Chine française.............. 82
3° Le commerce et le régime commercial des colonies françaises......... 96
— VI. — La colonisation. — Les colons......... 104
— VII. — Les capitaux......................... 115
— VIII. — Les fonctionnaires. — Le Parlement. — L'opinion...... 127
— IX. — Les réformes.......................... 139
1° Remaniement, consolidation et extension éventuelle de l'empire colonial. 139
2° Inventaire méthodique des ressources des colonies........ 141
3° L'organisation des colonies : organisation économique 144
4° L'organisation des colonies : les institutions........................ 156

5° L'organisation des colonies : la magistrature.......................... 162
6° L'organisation des colonies : les fonctionnaires.......................... 164
7° L'organisation de la colonisation : Colonisation, éducation, capitaux.... 165

Coulommiers. — Imp. Paul BRODARD. — 1027-1901.

Les Compagnies de Colonisation sous l'Ancien régime, par M. Joseph Chailley-Bert.

1 vol. in-18 jésus, broché. 2 50

Les Compagnies de Colonisation, très en faveur autrefois, tombées ensuite dans le discrédit, ont eu, depuis vingt ans, un regain de succès chez quelques-uns des peuples les plus habiles dans l'art de coloniser. Ce renouveau d'un procédé qu'on croyait à jamais tombé en désuétude a amené M. Joseph Chailley-Bert à étudier les Compagnies de Colonisation. Il nous donne aujourd'hui la première partie de son travail, celle qui traite des Compagnies de Colonisation sous l'Ancien Régime.

Cette étude, que l'auteur a voulue courte et substantielle, est surtout une enquête attentive et serrée sur : 1° l'origine, le but et la formation des compagnies; 2° l'utilité qu'on en attendait et les faveurs qu'en conséquence on leur a accordées; 3° leur fonctionnement, et les causes qui l'ont altéré ou vicié; 4° leur insuccès, et les raisons de cet insuccès.

Le Recrutement des Administrateurs coloniaux, par M. Emile Boutmy, membre de l'Institut, directeur de l'Ecole libre des sciences politiques.

1 vol. in-18 jésus, broché. 1 50

M. Boutmy s'applique à mettre le public en garde contre une solution générale et uniforme d'un problème où tout est diversité et complexité, où tout appelle la division en plusieurs organismes spéciaux, constitués chacun en vue de ses fins particulières. Pour ces motifs, il écarte l'idée d'une Ecole unique et privilégiée, préparant des fonctionnaires pour toute la variété de nos possessions coloniales. L'exemple des peuples colonisateurs est d'un grand poids. On lira avec un intérêt particulier les chapitres que l'auteur consacre à l'Angleterre et à la Hollande. La conclusion est que, pour chacun des groupes coloniaux, géographiquement ou ethnographiquement distincts, il conviendra d'organiser une préparation séparée. On aurait ainsi les avantages combinés d'une centralisation administrative et d'une décentralisation scolaire.

La Rénovation de l'Asie (*Sibérie, Chine, Japon*), par M. PIERRE LEROY-BEAULIEU. Un volume in-18 jésus, fort, broché. . . . . 4 »

Dans un précédent ouvrage, *les Nouvelles Sociétés anglo-saxonnes*, M. Leroy-Beaulieu avait émis des prévisions dont la rare clairvoyance est attestée par les événements du Transvaal. C'est d'une enquête analogue qu'il nous offre les résultats.

S'étant rendu par la Sibérie en Extrême-Orient, l'auteur a assisté à la construction du chemin de fer qui mettra bientôt Pékin à douze journées de Paris. Puis il a été témoin du surprenant développement militaire, industriel et commercial du Japon. Il s'est enfin trouvé en Chine au moment où les puissances d'Europe la forçaient à ouvrir ses portes.

De ces faits, gros de conséquences, le savant auteur a déduit, avec l'autorité que l'on sait, des considérations du plus haut intérêt sur l'avenir de l'Extrême-Orient. On ne saurait, sur des questions si importantes, lire d'ouvrage plus instructif et plus concluant. (*Journal des Débats.*)

Java et ses habitants, par J. CHAILLEY-BERT. Un volume in-18 jésus, fort, broché... 4 »

L'étude de M. Chailley-Bert est le produit d'une enquête faite sur place directement pour le public. L'actif secrétaire général de l'Union coloniale est un des hommes qui ont le plus contribué à créer le grand mouvement de l'expansion française en ces dernières années. Java l'avait attiré comme une sorte d'illustration éclatante de ses doctrines. Il en a rapporté un livre d'un ton aisé et spirituel, clair, bien distribué, et aussi substantiel qu'attrayant, au moyen duquel les fruits de trois siècles de pratique coloniale nous deviennent enfin accessibles. Nous signalons comme particulièrement digne d'attention la critique de l'entraînement vers l'administration directe contre lequel les Hollandais n'ont pas su complètement se défendre.

Si cette étude sur Java est faite pour devenir un des livres de chevet pour les coloniaux, le grand public, de son côté, y trouvera une lecture agréable. (*Le Temps.*)

Dahomé, Niger, Touareg, *Récit de voyage*, par M. le Commandant Toutée. 1 vol. in-18 jésus, avec une *carte hors texte*, broché. . . . . . 4 »

Nous connaissons peu de récits de voyage aussi agréables à lire que celui de M. le Commandant Toutée. Son livre est empoignant parce qu'il est vécu. On y sent la plus grande sincérité et, à mesure que l'on avance, l'auteur devient de plus en plus sympathique. Sa parfaite bonté éclate en effet à chaque page et c'est avec une inaltérable bonne humeur, un esprit délicat et fin, qu'il raconte ses désopilantes entrevues avec les potentats africains dont il visite les États.

Vaillant voyageur et conteur agréable, le Commandant se montre encore philosophe et économiste lorsqu'il analyse les mœurs des peuples sauvages, traite la grave question de l'esclavage et donne ses appréciations sur la colonisation de la vallée du Niger. De plus, les résultats politiques et scientifiques de son beau voyage sont considérables. (*Polybiblion.*)

Du Dahomé au Sahara, *La Nature et l'Homme*, par M. le Commandant Toutée. 1 vol. in-18 jésus, une *carte en couleur hors texte*, broché. 3 50

Le nouvel ouvrage du Commandant Toutée répond aux questions que tout le monde se pose à la suite des traités qui fixent définitivement nos droits dans cette partie du Niger qu'il a explorée : que sont les populations récemment placées sous notre domination, et que valent les pays qui viennent d'entrer dans notre domaine colonial?

Pour étudier ces sujets sur place, le Commandant Toutée était préparé d'une façon peu commune. Au bagage scientifique que l'on acquiert à l'École polytechnique et à l'École de guerre, il joignait les connaissances pratiques les plus étendues en agriculture et le goût des observations sociologiques. Aussi peut-on dire que pour la variété des recherches et la richesse des informations recueillies, ce nouveau volume fait suite aux travaux de Barth, le maître des voyageurs africains.

Les Anglais aux Indes et en Égypte,

par M. Eugène Aubin. 1 vol. in-18 jésus, broché. 3 50

« M. Aubin a longtemps habité l'Égypte. Au commencement de 1897 « les hasards, dit-il, d'une existence très mobile » l'ont conduit aux Indes. On trouvera dans son livre des indications précieuses sur la situation de l'Inde, sur les conditions économiques du pays, sur les procédés par lesquels l'Angleterre y maintient sa puissance, enfin sur les questions toujours ouvertes à sa frontière du nord-ouest.

Nous pouvons là étudier les méthodes anglaises et les admirer sans arrière-pensée; il n'en est plus tout à fait de même lorsque M. Aubin revient d'Asie en Afrique. Il a assisté de très près à l'absorption graduelle de l'Égypte par les Anglais; il en expose les phases successives; il en précise le caractère actuel. Il indique enfin avec force pourquoi l'Égypte continue de se rattacher intimement aux intérêts français en Orient. » (*Revue des Deux Mondes.*)

Au Congo belge,

avec des Notes et des Documents sur le *Congo français*, par M. Pierre Mille. 1 vol. in-18 jésus, avec une *carte en couleur hors texte*, broché. 3 50

« Une préface de M. Paul Bourde nous explique comment ce livre est un « coup de lumière »; il marque le moment de laisser là les dissertations académiques sur les méthodes coloniales et montre qu'il est temps de passer à l'action, d'ouvrir les voies toutes grandes à la colonisation industrielle et libre, de consentir les concessions étendues, à monopoles temporaires, d'organiser enfin notre immense empire colonial. L'exemple du Congo belge est une excellente leçon. M. Pierre Mille a vu inaugurer le nouveau chemin de fer de Matadi à Léopoldville. Il a profité de ce voyage pour mener à bien une enquête rapide et avisée : c'est l'histoire et les résultats de cette enquête qu'il livre aujourd'hui à nos méditations, dans cet ouvrage vivant, spirituel, pittoresque et précis. »

(*Revue de Paris.*)

Les Nouvelles Sociétés anglo-saxonnes (*Australie et Nouvelle-Zélande, Afrique australe*), par M. PIERRE LEROY-BEAULIEU. 1 vol. in-18 jésus, broché. . . . . 4 »

« M. Pierre Leroy-Baulieu a fait le tour du monde en homme qui sait voir et regarder. Il a donné un volume d'observations judicieuses et précises. Le lecteur le suit avec agrément, avec confiance et avec intérêt.... Son aversion pour le socialisme ne l'empêche pas d'en décrire le fonctionnement en Australie, sans déclamation ni pessimisme outré; son admiration pour le développement du Cap sous l'administration de M. Cecil Rhodes ne le gêne en rien pour juger le ministre et la situation des Anglais dans l'Afrique australe.... Quelques pages importantes sur la question de la « Greater-Britain » et sur l'avenir de l'empire colonial anglais terminent cet ouvrage, qui est un bon livre d'histoire et de géographie, au sens le plus large de ce terme. » (*Revue historique.*)

Essai d'une **Psychologie politique du Peuple anglais,** par M. ÉMILE BOUTMY, membre de l'Institut. 1 vol. in-18 jésus, broché. . . . 4 »

M. Boutmy précise d'abord les marques distinctives que la race anglaise doit au milieu physique où elle s'est formée, et il les retrouve dans les manifestations les plus variées du caractère britannique. — Puis, c'est le milieu humain qui exerce son influence par les races venues du dehors, et plus tard, par les phénomènes ethniques se produisant sur le sol lui-même. — Enfin, après avoir successivement considéré l'homme moral et social, l'homme politique et le citoyen, l'homme de parti et l'homme d'État, l'auteur termine par l'étude des rapports qui régissent les deux grands facteurs de la vie politique et sociale en Angleterre : l'individu et l'État.

Tels sont l'objet et le plan général de ce beau livre, conçu du point de vue élevé de l'historien et du philosophe.

N° 3871[or].

Discours et opinions de Jules Ferry,

publiés avec commentaires et notes par M. PAUL ROBIQUET, avocat au Conseil d'État et à la Cour de cassation, docteur ès lettres.

TOME I. — Jules Ferry, sa famille, sa jeunesse. — Jules Ferry, journaliste. — Le procès des Treize. — Jules Ferry, député. — Le second Empire. — Jules Ferry et M. Thiers. — La Guerre et la Commune.

TOME II. — L'Assemblée nationale. — Ministères Dufaure et Jules Simon. — Régime du 16 mai. — Ministères de Broglie et de Rochebouët. — Second ministère Dufaure. — Démissions du Maréchal et de M. Dufaure. — Cabinet Waddington. — Jules Ferry, ministre de l'Instruction publique.

TOME III. — Les lois scolaires (*1re partie*) : L'Enseignement supérieur en Algérie. — La loi sur la liberté de l'Enseignement supérieur. — L'article 7. — La loi sur le conseil supérieur de l'Instruction publique. — La loi relative aux titres de capacité pour l'Enseignement primaire.

TOME IV. — Les lois scolaires (*suite et fin*) : Lois sur l'enseignement des jeunes filles, sur la gratuité, l'obligation et la laïcité de l'enseignement primaire. — Discours divers sur les questions scolaires. — Discours sur la politique coloniale : Affaires grecques. — Affaires tunisiennes (*1re partie*).

TOME V. — Discours sur la politique extérieure et coloniale (*2e partie*) : Affaires tunisiennes (*suite et fin*). — Affaires du Congo. — Affaires de Madagascar. — Affaires d'Egypte. — Affaires du Tonkin. — Le traité de Tien-Tsin. — Guet-apens de Bac-Lé. — Chute du ministère Ferry. — Paix avec la Chine.

TOME VI. — Discours sur la politique intérieure (jusqu'au 30 mars 1885). — Discussions budgétaires, économiques et financières. — Revision des lois constitutionnelles. — Le projet de revision au Sénat. — L'Assemblée nationale. — Loi électorale du Sénat.

TOME VII. — Discours sur la politique intérieure (depuis le 30 mars 1885). — La lutte contre le Boulangisme. — Les dernières années. — La présidence du Sénat.

Chaque tome, un volume in-8°, broché. 10 fr.

L'exemplaire d'amateur sur papier à la forme, 20 fr.

N° 367.

Guide de l'Immigrant à Madagascar, publié par le Gouvernement général avec le concours du Comité de Madagascar. 3 vol. in-8° raisin brochés (1,500 pages au total, avec *32 planches hors texte*) et un atlas in-4° jésus, cartonné (*40 cartes, cartons, profils* et *plans* en *6 couleurs*). Les 3 vol. et l'atlas, *ensemble*, prix *net*. 40 »

Notre Marine marchande, par CHARLES-ROUX. Un volume in-18 jésus, broché . . . . 4 »

Ouvrage couronné par l'Académie des Sciences morales et politiques.

La République démocratique, *La politique intérieure, extérieure et coloniale de la France*, par J.-L. DE LANESSAN, ancien Gouverneur général de l'Indo-Chine. Un volume in-18 jésus, broché . . . . 4 »

Le Recrutement des Administrateurs coloniaux, par ÉMILE BOUTMY, membre de l'Institut. Un volume in-18 jésus, broché 1 50

La Rénovation de l'Asie (*Sibérie, Chine, Japon*), par PIERRE LEROY-BEAULIEU. Un volume in-18 jésus fort, broché. . . . . 4 »

Ouvrage couronné par l'Académie française.

Les Nouvelles Sociétés anglo-saxonnes : *Australie, Nouvelle-Zélande, Afrique du Sud*, par PIERRE LEROY-BEAULIEU. Un volume in-18 jésus (*Nouvelle édition entièrement refondue*), broché. . . . . 4 »

Ouvrage couronné par l'Académie française.

Les Anglais aux Indes et en Égypte, par EUGÈNE AUBIN. Un vol. in-18 jésus, broché . . 3 50

Ouvrage couronné par l'Académie française.

Au Congo belge (avec *une carte en couleur hors texte*, des notes et des documents sur le *Congo français*), par PIERRE MILLE. Préface de PAUL BOURDE. Un vol. in-18 jésus, broché. 3 50

Ouvrage couronné par l'Académie française.

www.ingramcontent.com/pod-product-compliance
Ingram Content Group UK Ltd.
Pitfield, Milton Keynes, MK11 3LW, UK
UKHW020125200726
13856UKWH00002B/745

9 782013 421959